일하는 여성들의
뜨겁고 치열한 기록들

그곳에
내가
있었다

일하는여성아카데미 지음

if
BOOKS

일하는 여성들의
뜨겁고 치열한 기록들

그곳에
내가
있었다

그곳
그리고 나의 이야기

※ 〈타임라인〉은 저자들의 활동 중심으로 기록된 것입니다.

1978

박남희 파드마 전자공장 입사.

1981

박남희 파드마 야학에서 노동현실, 사회현실 인식.

1982

• 한국통신 김영희 전화교환원 정년차별 소송(1989년 승소), 남녀고용평등법 제정 이전의 차별에 맞선 투쟁('부록' 참조).

1983

박남희 파드마 노동운동을 위해 구로공단 성도섬유에 입사, 소모임 조직.

1985

• 방일물산 이경숙 25세 조기정년 철폐 투쟁을 위한 손배소송.

유정임 안나 상고 졸업. 인천 부평 4공단 ㈜서광모드 입사.
박남희 파드마 해고. 톰보이 성도섬유 해고자 복직위원회 공동 위원장. 가리봉오거리 노동삼권 쟁취를 위한 옥상점거 농성으로 구류.
이주환 리나 대학 입학. '여성문제연구회' 동아리 가입. 4·19 집회 참석했다가 경찰에 연행.
김정임 수평선 마산수출자유지역 ㈜태양유전 입사.

• 1980년대 후반 경공업 중심에서 중화학공업 중심으로 산업구조조정이 진행됨에 따라 여성노동자들이 집중되어 있던 섬유, 신발, 전자업종에서 부도, 휴폐업, 외자 철수로 인한 고용불안정 문제가 심각해짐. 이에 여성노동자들은 위장폐업 철회투쟁, 외자철수 반대 투쟁을 전개했고 1993년 고용보험법이 제정되는 계기가 됨.

1986

- 대한투자신탁 주소녀 씨 결혼 퇴직 철폐투쟁.

- 부천경찰서 성고문 사건.

유정임 안나 인천 부평4공단 ㈜서광에서 강제 권고사직, 인천 부평 4공단 ㈜서우로 입사.
박남희 파드마 서울지역노동운동연합 홍보팀 참여.
정선 하늬바람 인천에서 집회를 참석하고 귀가하던 중 검문으로 연행.
김정임 수평선 마산수출자유지역 ㈜TC전자 입사.

1987

- 3월 21일
  여성노동자운동의 독자적 영역 구축이 필요하다는 성원으로 한국여성노동자회 창립.
  ∘ 현재 서울을 비롯한 인천, 부천, 수원, 안산, 전북, 광주, 마산창원, 부산, 경주, 대구 등 전국 11개 지부

- 10월 6·29선언의 기만성을 폭로하는 종로5가 시위.

유정임 안나 인천 부평4공단 ㈜서우에서 해고.
박남희 파드마 '만평우' 산악회 조직 및 활동(독산동 작은 공장 노동자 모임).
이주환 리나 6월 시청 앞 광장에서 독재타도를 외침.
정선 하늬바람 6월 항쟁. 시청 앞 광장 시위 참석.
김정임 수평선 ㈜TC전자 노조위원장. 노조 결성과 동시에 부서 이동으로 노조 강제 해산.
이원아 보라 종로5가 시위 참여. 서대문 구치소를 거쳐 서울 구치소로 이송.

▲ 한국여성노동자회 창립

▲ TC전자 무학산 단합대회

- 1970~1980년대 한국 경제는 국가가 주도하는 경제 개발 정책으로 경공업 중심의 제조업 즉 섬유, 가발, 봉제, 전자업종 수출 위주의 산업이 발전. 이 산업 생산의 주 종사자는 농촌의 미숙련 여성노동자들로 장시간 노동을 하고도 저임금, 성차별이라는 노동 착취를 겪음. 이로 인해 산업 현장 곳곳에서 여성노동자들이 저항하고 투쟁. 인천지역의 여성노동자들은 보다 조직적인 노동운동을 위해 1988년 '일하는여성나눔의집'을 개설.

- 성균관 대학교 총여학생회 여학생 투표율 70% 초과 기록. 여학생들의 역량강화를 위한 '여학생전진대회' 개최해 촌극, 노가 바 등 다채로운 프로그램 구성.

유정임 안나 ㈜신방전자(현 해태전자)에 입사.
박남희 파드마 '옷을만드는사람들' 위원장, 서울의류제조업노동조합 남부지부(준)위원장 활동. 봉제 · 의류 노동자 조직, 노동3권 쟁취를 위한 거리투쟁으로 불구속 입건.
이주환 리나 총여학생회 활동으로 성차별적인 커리큘럼인 무용수업을 폐지('뜨거웠던 열망의 시기, 자유와 해방을 그리며' 참조).
김정임 수평선 ㈜TC전자 노조 재결성 노조위원장 활동.
이원아 보라 광주항쟁 진상조사위원회 활동.

▲ 이주환 리나 총여학생회 선거 출마

▲ 제1회 여학생전진대회

▲ TC전자 위장 폐업 철회 투쟁

1989

- '일하는여성나눔의집'의 명칭을 변경한 '인천여성노동자회' 창립. 여성노동자의 권리를 찾고 차별에 맞서기 위한 여성노동운동 조직으로 30년간 활동 중.
- '전국여학생대표자협의회' 소속인 '서울지역여학생대표자협의회'가 신문에 남자만 뽑는다는 사원모집 광고를 낸 4개의 기업체 법인과 4명의 대표를 '모집·채용 시 여성차별을 금지한 남녀고용평등법' 위반으로 고소.

유정임 안나 ㈜신방전자(현 해태전자)에서 해고. '인천해고노동자모임' 활동.
이주환 리나 '전국여학생대표자협의회'를 조직하고 활동.
김정임 수평선 ㈜TC전자 위장 폐업 철회 투쟁하다 12월에 구속.
이원아 보라 조선대학교 이철규 의문사 진상조사 투쟁 및 명동성당 단식 농성.

▲ 인천여성노동자회 창립총회 　　　　▲ TC전자 위장 폐업 철회 투쟁(외자본 철수 반대)

◀ 3·8 세계여성의날 기념 <여성노동자 대동제>
　 및 인천여성노동자회 창립보고대회

1990

- 전국노동자협의회 건설.
- 가사노동자로 일하느라 아이들의 안전을 위해 문을 잠가놓고 출근했다가 화재로 인해 두 아이가 죽는 사건 발생. 1991년 영유아보육법 제정의 계기.

유정임 안나 인천여성노동자회 봉제분과 활동 시작.
모윤숙 등대 인하대학교 입학('나의 페미니즘 변천사, 페미니스트는 어떻게 살아야 할까?' 참조).

7

1991

- 4월부터 6월까지 정부에 반대하는 대학생 중심의 항의로 분신자살이 주된 방법이어서 이른바 분신정국. 5월 25일 성균관대생 김귀정이 시위 도중에 압사. 이 시기에 10명이 분신 자살, 1명이 투신 자살, 2명이 경찰에 살해된 것으로 집계.

- 은행들의 '여행원제' 폐지 투쟁, 결혼퇴직각서, 차별 호봉에 대한 투쟁. 이후 노동부의 '남녀행원 분리 채용 금지 지침'으로 1992년 제일은행부터 여행원제 폐지.

김미경 푸카 홍익대학교 부속여자고등학교 재학.
이원아 보라 대학 졸업 후 갑상선암 진단('그곳에서 나는 심장이 뛴다' 참조).
김정임 수평선 마산교도소 원주교도소 1년 6개월 만기 출소.
박남희 파드마 여성노동자회 회원 활동 시작. 강경대 열사, 백골단해체의날 거리투쟁 때 경찰이 쏜 최루탄 맞아 화상과 부상으로 병원 입원, 정부 상대로 손해배상 재판 시작.

1992

박남희 파드마 경찰이 쏜 최루탄에 의한 화상에 대해 정부 상대로 재판하여 승소.
이원아 보라 서울 성수공단 야학에서 활동.
이주환 리나 '㈜한국야구르트 이천공장'에서 노조 결성으로 해고.
김정임 수평선 마산창원여성노동자회 결성, 초대사무국장으로 활동.

▲ 성수공단 야학 수련회

1993
- 신 교수 성희롱 사건(우조교 사건)이 법정 공방과 투쟁으로 이어져 2001년 직장 내 성희롱 규제 내용이 담긴 법 개정.

1994
- 한국여성민우회와 전국교직원노동조합이 키 160센티, 몸무게 50킬로그램 이하, 안경 불가라는 차별적인 채용공고에 반발하여 44개 업체를 고발. 이 중 8개 업체만 처벌.

이주환 리나 한국여성노동자회 활동 시작.
양향옥 자유 인천여성노동자회 회원 활동 시작.
모윤숙 등대 가톨릭대학교 사회학과 대학원 입학.

1995
- 한국여성노동자회 여성노동상담소 '평등의전화' 개소.
  ◦ 현재 전국 10개소 운영 ◦ 매년 3천여 건의 상담

박남희 파드마 서울여성노동자회 활동 시작. ILO 국제노동기구 가내노동자 보호를 위한 인도 국제회의 참석.

1996
최혜영 꾸다 여성주의 대학생 모임을 간접적으로 접하며, 호기심과 두려움으로 갈등.
모윤숙 등대 인천여성노동자회 활동 시작.

1997
- 생협 아이쿱 창립.

이원아 보라 서울여성노동자회 활동 시작.
정선 하늬바람 인천여성노동자회 활동 시작.

1998
- 1998년 한국여성노동자회, IMF 경제위기가 불러온 여성 대량 실업 사태의 해법을 찾아 여성실업대책본부 출범.
  ◦ 여성 집중 해고 및 여성가장 실직의 문제들 사회 이슈화
  ◦ 실직여성상조회로 여성실업자 조직 ◦ 여성실업대책 요구
  ◦ 구직등록운동

이주환 리나 한국여성노동자회 여성실업대책본부 활동 총괄과 백서 발간.

이원아 보라 서울여성노동자회 여성실업대책본부에서 여성가장 모임 조직화와 교육, 집단상담.

김정임 수평선 마산창원여성노동자회 여성실업대책본부 상담실장 활동.

유정임 안나 인천여성노동자회 여성실업대책본부 상담 활동
(부스러기선교회 지원 '여성실직자 위기관리 집단상담 사업' 담당).

박남희 파드마 한국여성노동자회 지원으로 필리핀 Asia Social Institute에서 2000년까지 사회사업 공부.

▲ 부스러기선교회 지원 실직여성위기관리사업
   집단상담

▲ 여성실업대책본부 활동

1999

- **여성들만의 노동조합이 필요하다는 의지로 전국여성노동조합 창립.**
  ∘ 여성이면 누구나 가입할 수 있는 노동조합 ∘ 주요 대상은 미조직, 비정규직 여성노동자

- **전국여성노동조합은 최초의 경기보조원 노동조합 88CC분회를 만들고 특수고용여성 노동자의 존재를 알림.**

이주환 리나 전국여성노동조합 본조 활동.

유정임 안나 전국여성노동조합 인천지부 활동.

김정임 수평선 전국여성노동조합 마산창원지부 활동.

모윤숙 등대 전국여성노동조합 인천지부 활동.

▲ 전국여성노동조합 창립

▲ 비정규직 여성노동자 조직화 워크숍

▲ 전국여성노동조합 서울지부 결성보고대회
여성노동자 한마당

▲ 전국여성노동조합 창립대회

2000

• 비정규직으로 전환되는 현실을 반영해 비정규직여성권리찾기운동본부 발족.
  ◦ 비정규직의 법적 권리 찾기 운동
  ◦ 비정규직 보호를 위한 정책 요구
  ◦ 비정규직 차별 철폐 요구

• 2000년 중장년 여성노동자들이 모여 최초의 청소용역분회인 전국여성노동조합 인천지부 인하대분회를 조직.

▲ 비정규직여성 권리 찾기 운동

모윤숙 등대 민주노동당 당원 가입.
양향옥 자유 전국여성노동조합 인천지부 활동 시작.

11

2001

- '빈곤의 여성화'를 극복하기 위한 여성노동권 확보에 주력하여 생산적 복지에 기여한다는 취지로 전국에 보건복지부 산하 지역자활센터 설립.
  ∘ 생산적 복지 사회 구현을 위한 일자리 창출로 탈빈곤을 지향 ∘ 여성의 생애 주기 특성을 고려한 자활사업의 사례 관리로 성중립적 자활사업의 모범 창출 ∘ 민·관 자활 네트워크 체제와 여성을 고려한 자활사업의 원활한 추진을 위한 여성자활연대회의 활성화

- '여성노동관련법 개정을 위한 연대회의'를 중심으로 여성단체와 노동조합 연대투쟁으로 출산휴가를 60일에서 90일로 확대하고 늘어난 30일분에 대해서는 고용보험에서 임금을 지급하는 사회분담화 방안 법 개정을 유도.

- 육아휴직제는 육아의 주된 책임을 여성의 몫이 아닌 남녀공동책임으로 개정해 그 대상을 남녀근로자로 하고, 육아휴직 지원금 신설.

- 전국여성노동조합에서 최초로 최저임금 문제를 사회적 의제로 제기.

▲ 최초로 최저임금 문제를 사회적 의제로 제기한 전국여성노동조합

박남희 파드마 전국여성노동조합 활동 시작.
이원아 보라 구로삶터지역자활센터, 마포지역자활센터 등 지역자활센터 교육활동.
이주환 리나 여성노동관련법 개정 운동에 참여해 법 개정.
김정임 수평선 마산창원여성노동자회 고용평등상담실장 활동.

2002

- 전국여성노동조합은 최초로 학교비정규직 노동자 문제를 제기하면서 일용잡급직에서 연봉제로 처우 개선 외 고용안정을 위한 투쟁을 시작.

- 전국여성노동조합과 한국여성노동자회는 최저임금위원회 앞에서 최저임금 인상투쟁 전개.

▲ 최저임금위원회 앞에서 최저임금인상 투쟁

최혜영 꾸다 한국여성노동자회, 전국여성노동조합 (자원) 활동.

2003

일하는여성아카데미 • 12월 일하는여성아카데미 준비위 구성.

김미경 푸카, 정선 하늬바람 부천여성노동자회 활동 시작.
김정임 수평선 안산여성노동자회 고용평등상담실. 전국여성노동조합 안산시흥
지부 활동.
최혜영 꾸다 여성학과 입학('나는 그때 그곳에 없었지만 거기 있었다' 참조).

2004

• 비공식노동자로 일하는 가사노동자 권리 확보가 필요하다는 취지로 전국가정관리사
  협회 창립.
  ◦ 가사노동 사회적 인식개선 운동. ◦ "가정부 NO! 가정관리사 YES!" 호칭운동 시작

• 5월 31일 숭실대학교에서 '불안정노동과 빈곤에 저항하는 공동행동(이하 공동행동)'
  출범. 여성의 감정노동, 보살핌 노동, 부업 등이 저임금을 강요받는 현실을 지적하는
  토론.

• 일하는 여성이 평등하고 평화롭고 행복한 세상을 만들자는 취지로
  일하는여성아카데미 창립.
  ◦ 빈곤, 비정규직 여성, 여성활동가의 의식 향상 위한 의사소통, 갈등해결, 성평등, 리더십,
  사회의식, 조직발전, 강사훈련 등 교육 활동 ◦ 전국여성노동조합 비정규직 여성노동자 지도자
  과정 연구, 빈곤여성가장 역량 강화를 위한 교육프로그램 연구, 성평등 교육프로그램 연구,
  조직발전 프로그램 연구 ◦ 아시아 여성활동가 리더십 교육

이주환 리나, 이원아 보라 일하는여성아카데미 창립. 교육활동.
김정임 수평선 전국여성노동조합 경기지부 활동.
박남희 파드마 파견법 전면 허용은 여성노동자를 파견 노동자로 전락하게 하는 성
차별 확대로 귀결될 수 있기에, 정부가 발표한 개정 입법안에 반대하는 여성 집회.

◀ 파견법 개악 반대 투쟁

2005

박남희 파드마 서울시교육청 앞 학교 비정규직 고용 불안 해소와 임금 인상 등을 요구하는 집회에서 조합원과 함께 신나게 노래하고 춤추면서 투쟁. 집회 물품으로 페트병에 작은 돌멩이를 넣어 제작.

유정임 안나, 모윤숙 등대 일하는여성아카데미 인천지부 교육 활동.

▲ 학교비정규직 집회(서울시교육청)

2006

| 일하는여성아카데미 | • 자신감과 사회의식 향상을 위한 참여학습 매뉴얼 연구개발.
• 갈등해결 능력 향상 교재와 매뉴얼 『갈등을 넘어 상생으로』 발간.
• 자기성장 워크북 『자기성장을 위한 창조력 키우기』 발간.

최혜영 꾸다 여노넷(여성노동네트워크) 모임 참여.
모윤숙 등대 지방자치선거 민주노동당 인천 동구지역 구의원 비례후보 출마('나의 페미니즘 변천사. 페미니스트는 어떻게 살아야 할까?' 참조).

『자기성장을 위한 창조력 키우기』 워크북 ▶

2007

일하는여성아카데미 · 전국여성노동조합 지도자학교 가이드북 연구 개발.
· 여성가족부 산하 사단법인 등록.
· 전국여성노동조합 지도자학교 가이드북 발간.

◀ 일하는여성아카데미 사단법인 1차 총회

▲ 『전국여성노동조합 지도자학교 가이드북』&나의 능력과 자질 발견을 위한 작업지

2008

일하는여성아카데미 · 빈곤여성가장 역량강화를 위한 교육 프로그램 연구
개발, 전국여성노동조합 활동가학교 매뉴얼 연구 개발.

박남희 파드마 스위스 제네바에 본부를 둔 IUF국제식품연맹은 전 세계 식품, 음료,
호텔, 농업, 요식업 등에서 일하는 노동자가 가입되어 있는 국제노동조합연맹임.
네슬레 다국적기업에 맞선 노동자 투쟁을 지지, 지원하는 집회에서 연대 발언.

▲ IPU국제연대집회

▲ 『빈곤여성가장 역량강화를 위한
교육 프로그램』&연구내용과 목적

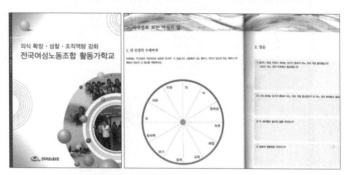

▲ 『전국여성노동조합 활동가학교』&세대별로 보는 여성의 삶

2009

- 12월 31일 한양대학교 청소미화원 부당해고 농성. 한양대학교 청소미화원들이 2009년 12월 31일 연말 하루아침에 해고 통보를 받고 20여 일간 농성. 2010년 2월 말까지 투쟁 전개. 학교는 사용자임을 부정하고 용역업체는 바뀌었다며 책임을 회피. 노동부 관계자와 국회의원도 찾아왔지만 도움이 되지 못했고 간접고용의 한계를 드러낸 투쟁.

| 일하는여성아카데미 | · 조직발전 프로그램 20시간 과정 개발.

김정임 수평선 경기지부 한양대분회 청소미화원 33명 집단해고 철회 투쟁.
최혜영 꾸다 아시아 지역 이곳저곳에서 2011년까지 살고, 일하고, 공부하고, 여행.

2010

일하는여성아카데미 • '강원도광역자활센터'와 인큐베이팅 사업 기본 교재 개발.
- 아시아 활동가 리더십교육 Training on Organizing methodologies.
- 한국 여성운동의 성과에도 불구하고 여성노동/빈곤운동의 경우 이슈조차 주변화되면서 제 목소리를 내기 쉽지 않은 상황에서 여성노동/빈곤운동을 지역화, 대중화해야 한다는 문제의식을 적극적으로 제기함. 이런 고민의 결과로 75,000명의 회원을 조직하고 2,500명이 넘는 조직가를 키워낸 니카라과의 MEC(Maria Elena Cuadra, 일하는 여성과 실업 여성 운동)를 방문. 2010년 9월 25일부터 10월 6일까지(미국 일정 3일 포함) 일하는여성아카데미, 전국여성노동조합, 한국여성노동자회 활동가들이 니카라과의 여성노동운동 단체를 방문하여 이들의 활동을 배우고, 한국의 경험을 나누고 돌아옴.

양향옥 자유 일하는여성아카데미 인천지부 교육 활동 시작.

▲ 니카라과 MEC 방문

2011

일하는여성아카데미 • 조직발전 프로그램 심화 연구 및 개발.

박남희 파드마 캐나다 순례('야학과 혜경 언니' 참조).

2012

일하는여성아카데미 • 아시아지역 프로그램 "Gender & Development"
• 경기지역 5개(고양, 부천, 수원, 안산, 의정부) 여성근로 자복지센터 소통 교육.
• 스토리 북 『Our Stories, Our Struggles-The stories of Women workers in Asia』 발간. 아시아지역 프로그램 〈Training for Transformation〉.

박남희 파드마 인도, 네팔 순례.
정선 하늬바람 서울시직장맘지원센터(현 서울시동부권 직장맘지원센터)에서 직장여성 대상 심리상담가로 활동.
최혜영 꾸다 여성 전용 게스트하우스 오픈. 일하는여성 아카데미에서 국제교류 활동 시작(2015년까지).
모윤숙 등대 아이쿱 생협 가입.

▲ 스토리 북
『Our Stories, Our Struggles-The stories of Women workers in Asia』

▲ 꾸다가 오픈했던 여성 전용 게스트하우스

2013

• 돌봄노동자, 협동조합이 대안이다라는 취지로 한국돌봄협동조합협의회 발족.
  ○ 돌봄 공공성 강화 ○ 돌봄노동자라는 직업적 자긍심 고취 ○ 돌봄노동을 괜찮은 일자리로
  ○ 경제공동체운동 전개

• 전국여성노동조합 전북·경기·광주 등 학교비정규직, 지역교육청과 단체협약 체결.

일하는여성아카데미 • 2013년 협동조합 교육프로그램&프로그램 모듈 개발.

김정임 수평선 전국여성노동조합 서울지부 활동(현재까지).

김미경 푸카 부천여성노동자회 회원으로 최저임금 캠페인 참여. 일하는여성아카데미 활동 시작해 현재까지 교육활동.

모윤숙 등대 울주아이쿱생협 활동.

▲ 2004년에 이은 가정부 NO 가사노동자 YES 운동   ▲ 한국돌봄협동조합협의회 출범식(경기도 부천시)

▲ 최저임금 캠페인

2014

- 전국여성노동조합, 88CC분회 경기보조원 부당해고 조합원 43명 6년간 투쟁 성과로 원직 복귀 결실.

- 한국돌봄협동조합협의회에서 돌봄노동자들의 근로조건 향상과 인권 보장, 사회적 인식 개선을 통해 돌봄노동이 괜찮은 일자리가 되기 위한 실천 활동을 전개. 또한 일하는여성의 일, 가정 양립을 위해 여성의 가사노동과 돌봄노동에 대한 사회적 지원을 촉구하는 돌봄여성노동자대회, 사회인식캠페인, 기자회견 등과 더불어 돌봄의 공공성 강화를 통해 보편적 복지를 실현하는 정책을 촉구하는 활동.

일하는여성아카데미 • 직장 내 성희롱예방교육 강사단 훈련 프로그램 개발 및 실시.
• 여성활동가 자기조직화와 네트워크 만들기 〈동행〉 수도권, 영남권 진행.
• 홍콩 교류프로그램(Empowerment in organizing) 진행.
• 일하는여성아카데미가 주최한 인도 SEWA협동조합 방문교류 프로그램[할머니-
  어머니-딸 3세대가 조합원이 되어 정치, 사회, 경제, 교육 등 다양한 활동을 전개하고
  있는 SEWA에 일하는여성아카데미, 한국여성노동자회 활동가가 방문하여 인도여성
  활동가들과 함께 리더십교육시스템, 다양한 형태의 여성조직체(기업, 협동조합,
  은행) 등에 대해 의견을 나누고 서로 배우는 국제교류프로그램]을 위해 인도 방문.
• 10주년 행사 〈나무들의 춤〉.

모윤숙 등대 탈핵울산시민공동행동 활동. 탈핵울산시민공동행동은 일본 후쿠시마 사
고 이후 원발전소의 위험을 알리기 위한 목적으로 만든 울산시민단체들의 모임. 탈핵
학교, 기자회견, 거리선전 등 시민들에게 핵의 위험성을 알리고 신고리 5, 6호기 건설
반대를 공론화하는 활동 전개.

▲ 탈핵 운동

▲ 인도 SEWA 협동조합 방문

▲ 돌봄노동자 노동권 확보 운동
(전국돌봄여성노동자 한마당)

▲ 여성활동가 자기조직화와 네트워크 만들기 <동행>

일하는여성아카데미 ・창립 10주년. 직장 내 성희롱예방교육 강사단 훈련 프로그램.
・U-process 조직발전 프로그램 연구 개발(현재까지).

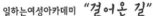

일하는여성아카데미 "걸어온 길"

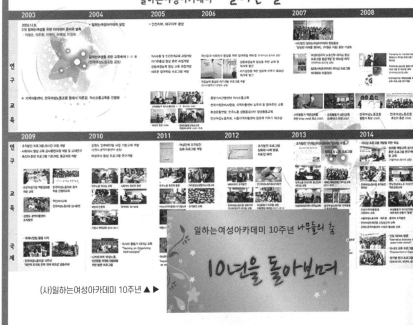

(사)일하는여성아카데미 10주년 ▲ ▶

2015

일하는여성아카데미

・<소통 숨통> 주최교육 시작.
현재까지 해마다 진행.

▲ 일하는여성아카데미 <소통 숨통> 주최교육

이원아 보라 아버지 작고('내 인생의 두 남자' 참조).
박남희 파드마 티베트 불교 수행 단체 세첸코리아 자원 활동.

2016

일하는여성아카데미 • 좋은 돌봄을 실천하고자 하는 서울지역의 요양보호사 700여 명이 좋은 돌봄에 대한 서로의 생각을 나누고, 그것을 상징하는 '서울시어르신돌봄 종사자종합지원센터 돌봄실천단 워크샵' 진행.

최혜영 꾸다 국제가사노동자연맹(International Domestic Workers Federation)에서 일함.
모윤숙 등대 전국여성노동조합 울산지부 활동.

▲ 서울어르신돌봄 종사자 교육

2017

• 3·8 세계여성의 날 성별임금격차 해소를 위한 3시 STOP 공동행동.
  ◦ 성별임금격차 100:64 철폐 ◦ 채용 성차별 철폐 요구 ◦ 성희롱 만드는 성차별 조직문화 바꾸기 ◦ 최저임금 인상

일하는여성아카데미 • 전국여성노동조합과 함께 비정규직 여성노동자 지도자과정 프로그램 개발 및 교육.

박남희 파드마 티베트, 중국 순례.
이주환 리나, 이원아 보라, 유정임 안나, 김정임 수평선, 양향옥 자유
3·8 세계여성의 날 성별임금격차 해소를 위한 3시 STOP 공동행동 참가.

▲ 여성상담원소진방지및자기돌봄훈련

▲ 성별임금격차 반대 투쟁, 3시 STOP 공동행동

▲ 근속수당 쟁취 무기한 단식 투쟁　　　　　　　▲ 시간제고용안정 투쟁(울산지부)

2018

• 서강대분회 청소미화원 전원은 2018년 임금인상 및 단체협약체결을 위해 5월 29일부터 6월 20일까지 매일 점심시간에 학교 운동장을 돌며 집회 및 투쟁을 전개. 이때 학생들의 발언과 학생회와 맑음학생들의 연대가 돋보였고 투쟁의 성과로 시급 8,380원 기본급 1,751,420원과 교통비 3만 원을 신설. 삼구용역업체와 임금 및 단체협약을 6월 26일 체결.

• 공립학교 172개교 중 73개교 급식중단, 학교 급식조리사와 돌봄전담사 등 비정규직 파업.

• 미투운동과 함께 하는 시민행동.

•  일하는여성아카데미 전국여성노동조합과 함께 비정규직 여성노동자와 간부를 위한 여성주의 의식 향상 교육프로그램 개발.

이주환 리나, 이원아 보라, 유정임 안나, 김정임 수평선, 양향옥 자유
미투운동과 함께 하는 시민행동 참가.
이주환 리나 어머니 요양원 입소('딸아, 너나 잘 살아' 참조).
정선 하늬바람 서울여성노동자회, 인천여성노동자회에서 직장 내 성희롱 피해자 대상 심리상담가로 활동.

▲ 미투 운동

▲ 아카데미조직비전 워크숍

▲ 서강대분회 임금인상 투쟁

▲ 성차별 채용 반대 투쟁

▲ 직장 내 성희롱 예방 교육 강사

2019

일하는여성아카데미 · 성평등 교육 강사훈련, 성인지감수성 훈련 프로그램 개발과 교육.

· 여성활동가 집중수련은 일하는여성아카데미에서 여성활동가들의 재충전과 역량 강화를 위해 행복수업협동조합 혜봉 선생님과 함께 2016년부터 현재까지 진행하고 있는 3박 4일의 명상 프로그램. 여성노동운동과 일상의 영역에서 깨어 있는 마음, 알아차림을 실천함으로써 여성활동가의 리더십 성장을 목표.

· 2017년부터 현재까지 서울시노동권익센터 감정노동자 상담치유를 위한 서남권 컨소시엄 참가.

· 7월16일 '직장 내 괴롭힘 방지법' 시행.

모윤숙 등대 전국여성노동조합 본조 활동(현). 부친 파킨슨병으로 주간보호센터 입소 ('불편한 효도' 참조).

양향옥 자유 할머니 요양원 입소('돌봄 노동의 끝판왕은?' 참조).

▲ 성평등교육 강사훈련

▲ 서남권 컨소시엄 네트워크 회의

▲ 여성활동가 집중 수련

▲ 전국여성노동조합 서울지부 시간제 돌봄 천막 농성

▲ 전국여성노동조합 활동가 부산교육청 앞 투쟁

▲ <그곳에 내가 있었다> 글쓰기 과정

프롤로그

여성활동가의
목소리가 담긴 삶의 기록

오늘도 모임방은 시끌벅적하다. 열띠게 토론하다가 목소리가 커지고 열이 오르면 서로의 붉어진 얼굴을 보고 까르르 웃음이 터진다. 때로는 마음속 깊이 있던 이야기가 모두의 가슴을 울리기도 한다.

'일하는 여성이 평등하고 평화로운 행복한 세상'이라는 비전을 가슴에 품고 짧게는 10여 년, 길게는 30여 년간 여성노동운동의 길을 걸어온 이들이다. 검은 머리는 하나둘 하얗게 샜고, 팽팽하던 얼굴에 어느새 주름이 늘어갔다.

여성활동가로 살다 보면 이상과 현실 사이, 공사 영역 사이, 동료들과의 사이…… 그 사이에서 번뇌에 빠질 때가 있다. 하루하루

번뇌의 숲을 헤매고 있던 3년 전 어느 날, 박미라[*] 선배를 찾았다. 일하는여성아카데미와 개인적인 진로나 방향성, 선배가 쓴 박사논문, 여성운동과 명상수행 등 종횡무진한 수다를 떨었다. 그 가운데 대부분의 노동운동, 사회운동과 관련된 기록이 남성 경험 위주이며, 간혹 여성의 목소리가 기록되는 경우도 단체나 조직의 대표 또는 당사자 여성(예를 들어 여성 가장, 탈성매매 여성 등 해당 여성단체가 주요 대상으로 정한)의 목소리는 담고 있지만 현장에서 활동하는 여성 활동가의 목소리가 담긴 기록은 거의 없다는 문제 인식에 공감했다.

오래전부터 여성활동가들의 생생한 경험을 함께 나누고 글로 쓰고 싶었는데, 그날 박미라 선배와의 만남을 통해 이 책의 씨앗이 구체적으로 심어졌다. 박미라 선배야말로 우리 여성활동가들이 살아온 삶의 여정을 보듬어 치유하고, 자신감을 불어넣어 글쓰기로 연결해줄 분이라는 확신이 있었기 때문이다.

덕분에 여성활동가, 이들의 목소리가 글이 되고 마침내 책으로 나왔다.

10명의 여성활동가들이 운동하게 된 구체적인 사건이나 장소에

---

[*] 대학에서 소비자가족학을, 대학원에서 여성학을 전공했다. 몸과 마음의 통합적 치료를 지향하는 심신통합치유학을 공부해서 박사학위를 받았다. 여성신문사 기자, 여성문화예술기획 사무국장, 페미니스트저널 『이프』 편집장, 여자와닷컴 콘텐츠팀장, 이화리더십개발원 정치센터 팀장으로 일했다. 현재 치유하는 글쓰기 연구소 소장으로, 마음을 주제로 다양한 글을 쓰며 각계각층의 사람들에게 치유 프로그램을 진행하고 있다.

대한 기록, 삶에서 현재 강렬하게 경험한 이야기를 다양한 형식으로 풀어냈다.

두 달간 일주일에 한 번 박미라 선배의 안내에 따라 자신이 살아온 시간을 되돌아보고 공사를 넘나드는 생생한 경험을 나누었다. 20여 년간 알아온 물리적인 시간보다 두 달간 일주일에 한 번 만나는 것이 서로를 더욱 깊게 알게 해주었다. 1980년, 1987년, 1991년…… 우리는 따로 있었지만 대한민국의 민주화를 향한 변화의 시간을 공유하고 있었다. 노동조합을 결성하기 위해 고군분투한 선배 활동가의 글에 울컥하고, 활동하면서 자녀 양육과 돌봄을 병행하느라 애쓴 활동가의 글을 보며 함께 아파했다.

글쓰기를 비교적 덜 두렵게 해주고, 기법이나 표현방식에 구애받지 않고 편안하게 쓸 수 있도록 안내해준 박미라 선배에게 감사한다. 그리고 이름 없는 들꽃같이 살아온 여성활동가들 삶의 한 페이지가 책으로 엮어 세상에 빛을 보도록 도와준 이프북스, 글쓰기 과정부터 책이 나오기까지 기꺼이 마음 내어 도와준 양향옥님, 여성활동가 글쓰기를 조직의 중점 과제로 수립해서 이 책이 나올 수 있도록 힘쓴 일하는여성아카데미에 감사한다.

끝으로 지금도 현장에서 고군분투하는 수많은 여성노동자와 여성활동가 들에게 깊은 감사의 마음을 보낸다.

이원아 보라

차
례

＊저자명은 통상적으로 배열하는 가나다순이 아닌 글의 시점을 기준으로 배치했습니다. 〈타임라인〉을 참고하세요.

유정임 안나

1990년 인천여성노동자회 봉제분과 활동을
시작으로 '교육'과 '조직'을 주로 담당했다. 5년간 육아
휴직기를 보내고 나서, 2005년 '일하는여성아카데미' 설립에 맞춰 인천지부장을
맡아 지금까지 15년간 교육활동을 이어오고 있다.

내 인생은
허수아비와 같다
미친 듯이 흔들리며 시끄럽고 과묵한

　　．

행복이란
저녁때
노을을 바라볼 작은 창문이 있다는 것
힘들 때
마음을 풀어내어 살필 수 있는 글을 쓸 수 있다는 것
외로울 때
감사한 사람을 떠올리는 마음을 먹을 수 있다는 것

　　．

행복이란
쓸쓸할 때
밤하늘 별빛을 하나둘 세는 것
무서울 때
지금 내 옆에 있어주는 사람들을 느끼는 것
산만할 때
명상으로 마음이 고요해지는 것
나에게 행복이란 한마디로 나 스스로 내 멋대로 마음먹는 것

유정임 안나

,

노동운동?
나를 위한 평범한 선택

　　　　　　　　　　나는 1985년에 상고를 겨우 졸업
했다. 대학 입학에 대한 꿈이 꺾인 후 취업 준비를 위해 상업고등
학교에 진학한 것이라 학업 코스는 나에게 아무런 흥미도 의미도
주지 않았다. 어렵게 기회를 얻어 지역 단위 농협 입사 시험을 보
았지만 떨어지고 작은 오퍼상 경리직을 전전했다. 졸업 후 6개월이
지난 후 고3 반 친구들이, 보고 싶다면서 반창회를 소집하는 열정
을 보였다. 그날 나는 애들에게 하소연했다. 제대로 된 직장도 못
구했는데 적금통장을 만들어놔서 언니와 엄마가 내 계좌에 대신
돈을 넣고 있으니 꼭 죄인이 된 것 같다고……!

　그때 친구 수연이가 자기 언니가 다니는 회사에 가보라고 했다.

그 무렵 우리 엄마는, 여자는 고등학교를 졸업한 후에 스스로 돈을 벌어서 시집갈 자금을 만들어놔야 한다는 지론을 가지고 있었다. 물론 자식이 번 돈에는 절대 손을 대지 않겠다는 의지도 있었던 것 같다. 한 살 많은 언니 역시 엄마의 말씀대로 작년부터 꼬박꼬박 적금을 붓고 있었다.

이력서를 들고 찾아간 곳은 부평 4공단에 있는 종업원 2,000명이 넘는 '서광모드'였다. 탤런트 이미연이 광고를 해서 유명한, 나는 비싸서 쳐다보지도 못하는 '까쁘리네뜨'라는 브랜드의 옷을 만드는 회사였다. 품질관리 부서 면접에 합격한 나는 며칠간 옷을 만드는 과정과 품질관리에 대한 연수를 받고 경력자 선배와 짝이 되어 한 개 라인의 품질관리를 맡았다. 광장처럼 넓은 작업장에는 희뿌연 섬유 먼지로 가득했다.

한 라인에 내 동생들 또래 정도 돼 보이는 아이들 20~30여 명씩 다닥다닥 앉아서 미싱을 밟았다. 미싱 돌아가는 소리로 내 정신은 가끔 혼미해졌다. 적성이고 뭐고 적금통장에 돈을 넣을 수 있다는 사실에 안도하며 열심히 적응하려고 노력했다. 첫 월급은 12만 원이 채 되지 않았지만 그전에 사환 같은 경리 일을 하며 받은 돈보다는 많았다. 선배 검사원의 지시대로 불량품을 찾아내고 미싱사에게 피드백을 주었다.

유독 불량을 많이 냈던 한 아이는 중 1이던 우리 집 막내 소영이보다 어린 것 같았다. TV에서만 보았던 산업역군들이 이렇게 어린 아이들이었다니…… 충격이었다.

잔뜩 쌓인 불량을 고치느라 며칠간 점심도 거르고 야근을 하던 그 아이는 급기야 눈물을 쏟으며 뭐라고 욕했던 것 같다. 그리고 내 얼굴에 옷을 던졌다. 얼음물을 뒤집어쓴 것처럼 온몸에 소름이 돋았다. 주변 미싱사들이 모두 나를 노려보았다. 뭔가 억울하고 부끄럽기도 하고 화도 났다. 나는 그 곤란한 상황을 해석해내야 했다. 무척 혼란스러웠다. 게다가 하루가 멀다 하고 화장실 벽에는 손바닥만 한 스티커가 나붙었다. '8시간 노동쟁취' '강제야근 반대' '임금 인상' '노조설립으로 인간답게 살아보자' 등의 내용이었다.

나는 언뜻언뜻 어떤 불안감에 휩싸이기도 했다. 사르르 아랫배가 아파왔으며, 목구멍 안쪽으로 매운 연기를 들이마신 것처럼 마른기침이 나기도 했다.

매일 아침마다 회사 정문에는 출근하겠다는 사람들과 막아서는 사람들로 소란스러웠다. 파란 점퍼를 입은 사람들이 줄을 서서 정문에 들어서는 사람들을 한 사람 한 사람 살펴가며 들여보냈다. '왜 그런 걸까? 뭔가 억울한 일이 있나?' 궁금해서 물어도 선배들은 대답해주지 않았다. 그들도 잘 모르는 것 같았다.

학교생활을 벗어난 지 그리 오래되지 않은 나로서는 알 수 없는 것 투성이었다. 그런 어수선한 회사 분위기에도 나는 하루하루 성실하게 다녔다. 내가 불편한 것은 우리 라인의 그 아이뿐!

나는 가끔 퇴근 시간에 그 아이 기숙사 방에 찾아갔다. 야근을 할 때는 밖에서 붕어빵을 사다가 주고 왔다. 그럴 때는 왠지 마음이 편안하고 뿌듯했다. 기숙사는 한 방마다 그 아이 또래 대여섯 명 정도가 함께 생활하고 있었다. 나는 그 애들과 언니, 동생하며 지냈다. 사교성이라고는 전혀 없는 나로서는 그저 그녀들을 동생 챙기듯이 안쓰럽게 생각했다.

가끔씩 다녔던 교회에서 가져온 주보에 그 아이들에게 힘을 주는 내용의 글이 있으면 가져다주거나 읽어주곤 했다.

그러던 어느 날 인사과의 홍 이사라는 사람이 라인 앞에서 일하고 있는 나를 찾아왔다. 이것저것 강압적으로 물어보았다. "이 회사를 어떻게 알고 들어왔냐"느니 "이름이 뭐냐"라며 진짜 이름을 대라고 했다.

그다음 날 아침, 나는 내 또래의 젊은 남자들에게 양팔을 붙잡힌 채 낯선 사무실로 끌려갔다. 그들은 나를 커다란 책상 앞 의자에 앉혀놓고 이제부터 여기서 일하라고 했다. 이 사람 저 사람 처음 보는 남자들이 하나둘 들어와서 구경하고 취조하고 급기야 퇴사를 종용했다.

입사한 지 10개월이 지나고 있을 때였나. 점심시간마다 축구 경기를 하던 '한마음회' 남자들이 근무시간이면 현장을 돌아다니며 불순분자들을 색출한다고 했다. 나는 그들의 눈에 활동가로 비춰진 것이었다. 그러나 그때 나에게 닥친 일들이 무엇인지 나는 전혀 알지 못했다. 그저 내 적금통장에 월 10만 원씩 넣어야 한다는 것과 내가 회사를 쫓겨날 어떤 이유도 없다는 사실만 인식할 수 있을 뿐이었다. 며칠간인지는 정확히 모르겠으나 '출투(출근 투쟁) 아닌 출투'를 하게 되었다. 정문 앞 그녀들은 나와 같은 사람들이었을까? 처음으로 그녀들이 누구인지 무척 궁금해졌다.

그들의 회유와 협박에도 나는 억울함에 독이 가득 찬 눈으로 한 치의 물러섬 없이 완고했다. 그들은 나를 거물급 활동가로 확신하는 것 같았다. 여기저기 조회를 하는데 아무것도 나오지 않았으니…….

몇 주가 지났을까? 아들 돌잔치라며 부서 직원들을 집으로 초대한 적이 있었던 입술이 두툼하고 맘 좋아 보이는 과장이 나에게 하소연했다.

"유 양은 처자식이 없잖아. 나는 아직 애도 어리고 유 양 땜에 여기서 잘리면 어딜 가냐."

그의 눈에서 눈물이 났던가?

나는 그의 지인이 써준 '추천서'를 들고 진도물산 협력업체인 '서우'라는 봉제공장을 찾아갔다. 서광모드에서 두 블록 정도 떨어진 곳이었다. 350인 규모의 사업장이었는데 작업 조건은 서광보다 열악했다. 나의 경력을 늘려서 써준 추천서 덕분에 기본급을 14만 원으로 시작했던 것 같다. 집에서 출근하려면 서광보다 멀고 힘들었지만 월급이 몇 달 만에 오른 기분이라 들떠 있었다. 언니와 엄마는 사정도 모르고 잘됐다며 좋아했다.

일은 고됐지만 새로운 재미가 있었다. 퇴근 후에 같은 부서 언니들이나 동료들의 자취방에 놀러가서 밥도 얻어먹고 TV를 보면서 수다를 떨었다. 각지에서 모인 사람들의 지방 사투리를 들으면 신기하고 재미있었다. 될 수 있으면 집에 늦게 들어가서 아버지의 잔소리도 덜 듣고 가끔은 동생들을 돌보는 책임에도 벗어나는 즐거움이 있었다. 통장에 돈도 쌓이고 무엇보다 내가 번 돈으로 회사 매점에서 구수한 옥수수빵을 사 먹을 때 그렇게 뿌듯할 수가 없었다. 동창 친구들을 만나서 옷 만드는 과정을 얘기하며 알은체를 했다. 친구들은 신기해했다. 나의 사회생활은 그럭저럭 재미나게 지나가고 있었다. 그해 연말에 그 사건이 있기 전까지는.

내가 입사한 지 1년이 채 안 된 어느 날 검사반 과장의 느닷없는

그곳에 내가 있었다

공지가 있었다. 다음 달부터 검사반의 임금을 일당제에서 월급제로 전환한다고 했다. 지난 몇 개월간 밀린 납품 물량을 검사하느라 야근을 수도 없이 했더니 월 70여 시간이 훌쩍 넘고 있었다. 내 월급은 야근수당을 합해 18만 원이 넘었다. 고단하고 힘들었지만 월급 받는 재미가 쏠쏠했는데, 우리 모두에게 날벼락이었다. 점점 늘어가는 야근을 수당 없이 맘 놓고 시키겠다는 술수였다. 월급제는 기본급을 올려주는 것이기 때문에 퇴직금과 보너스를 합하면 일당제보다 훨씬 유리하다는 반장 언니의 다급한 설명이 있었다. 그러나 아무리 계산을 해 보아도 '임금 인하 술책'이 분명했다.

우리 검사반은 다음 날 출근을 하지 않기로 결의했다. 실제로 15명 검사 직원 중 10명 정도가 출근을 하지 않았다. 3년 넘는 고참 언니들도 함께했다. 어떤 언니의 자취방에 모여 부침개를 해 먹으면서 우리가 요구할 것을 달력 뒷면에 써가며 전략을 짰다. 검사반 반장 언니와 과장에게서 전화가 왔다. 출근부터 하고 말하자고 안 그러면 모두 해고될 수 있다고 우리를 걱정하는 척하면서 협박했다. 조금은 두려웠지만 우리는 서로를 격려하며 밤을 지새웠다.

다음 날 공장장과 면담을 하기 위해 회사에 갔다. 고참 언니들을 중심으로 4명 정도가 면담장에 들어갔던 것으로 기억한다. 말도 잘하고 용기 있다며 나를 앞세우려는 걸 거절했다. 또다시 내가 주목

받는 것은 피하고 싶었다. 우리는 공장장에게서 우리의 요구대로 월급제는 없던 일로 한다는 확답을 받았다. 공장장은 월급제 전환 시에는 검사 직원들의 합의가 있어야 한다는 약속도 했다.

기분 좋은 하루였다. 현장으로 돌아가서 일을 하는데 미싱사들이 궁금해 죽겠다는 표정과 조금은 굳은 얼굴로 우리를 바라보았다. 일주일이 지났을까? 뽀글 머리에 큰 핀을 한쪽 귀 뒤에 꽂은 미싱사 언니가 나를 찾아왔다.

"혹 산선*을 아십니까?"

나의 평범한 스물한 살은 드디어 거대한 1980년대 노동운동의 물결 속으로 흘러들어갔다. 나의 '월 10만 원 적금통장'의 운명과 함께……!

---

* 개신교의 산업선교 단체를 총칭하며 도시산업선교회라고도 한다. 산업선교회는 1970년대 도시화와 산업화 과정에서 소외된 도시 빈민과 직장인, 노동자들의 선교와 교양 교육, 구호 활동을 전개했다. 특히 1970년대 이후 노동자들의 소모임 구성, 노동조건 개선과 민주노조 건설을 지원했다.

그곳에 내가 있었다

,

버려진 캐비닛과
연둣빛 플라스틱 필통

인천광역시 동구 송림동 단칸방에 우리 일곱 식구가 살았다. 물론 식구 수만큼 쥐들도 함께 모여 살았다.

어느 날, 버려진 캐비닛이 우리 집에 와서 이불장이 되었다. 나는 그 속에 들어가 누웠다. 폭신한 솜이불의 감촉도 좋았지만 볼 수 없는, 볼 것 없는 새까만 그 공간이 아무도 나를 찾을 수 없는 나만의 방처럼 느껴졌다. 그래서 가슴이 통통 뛰며 설레었다. 까무룩 잠이 들었는데 밖에서 내 이름을 부르며 두런두런 걱정하는 소리가 들렸다. 언니와 엄마의 목소리였다. 그럼에도 나는, 깨지 않고 더욱더 깊은 잠 속으로 빠져들었다.

덜커덩 끼이익……! 날카로운 쇳소리에 화들짝 놀랐다.

"엄마! 정임이 여기 있어. 엄마!"

언니가 캐비닛 이불장 앞에서 악을 썼다. 아마도 엄마가 나를 찾으려고 골목 저 멀리 나갔었나 보다. 어두운 곳에 있던 나는 하얀 형광등 불빛에 속수무책으로 눈앞이 하얘졌다. 눈을 채 뜨지도 못한 채 언니의 손에 이끌려 내려왔다. 쿵, 노란 장판이 그제야 눈에 들어왔다. 뭔지 모를 두근거림을 주던 까맣고 달콤한 나만의 세계에서 찢어진 노란 장판에 일곱 식구의 몸짓을 담아내기 벅찬 단칸방의 현실로 돌아온 것이 빈속을 메스껍게 했다.

나는 나만의 공간이, 시간이, 그립고 간절했다. 설렘을 주었던 그 경험은 뭔지 모를 어떤 두려움 같기도 했으며 나 자신에 대한 어떤 자각의 영역을 어렴풋이 느끼게 했다. 열두 살, 나는 사춘기였다.

그날 이후 나는 혼자만의 공간에 대한 욕구와 간절함이 가슴 안에 싹트고 있음을 알았다. 어디든 나를 숨기고 들어갈 수 있는 구석을 좋아했으며 모서리 끝이 깨진 연둣빛 플라스틱 필통 속을 들여다보며 햇살이 스며드는 나의 방을 상상했다. 교실에서도 틈만 나면 그 플라스틱 필통을 햇빛을 향해 들고 지그시 들여다보며 시간을 보냈다. 그러면 무한히 넓은 연둣빛 세계가 펼쳐졌다. 그 안에서

그곳에 내가 있었다

춤추며 노는 나의 모습을 떠올렸다. 행복한 순간이었다.

나에게 혼자만의 시간을 갖는 것은 쉽게 허락되지 않았다. 학교에서 집에 오면 언니와 함께 어린 동생 셋을 돌봐야 했다. 언니는 집에서 떨어진 큰 사거리까지 가서 노점을 하는 엄마가 돌보고 있던 막내를 업어서 데려왔다. 얼마간 잘 놀다가 막내가 엄마를 찾으며 울고 떼를 쓰면 달래느라 애를 먹었다. 정 안 되겠다 싶으면 엄마가 장사하는 곳까지 언니와 내가 서로 번갈아 가면서 몇 번이고 업고 걸어갔다 왔다를 반복해야 했다.

나는, 엄마가 바쁘게 나가시느라 미처 그릇에 잘 담아놓지 못한 반찬들이 있을 때는 야무지게 정리하고 챙겨서 동생들을 먹였다. 엄마는 나의 손을 의지했던 것 같다. 왜 그런지는 모르겠으나 부엌일은 언니보다 내가 더 잘해냈다.

스테인리스 밥통에 밥이 다 떨어지는 날에는 밥을 하겠다고 쌀을 씻었다. 씻다보면 이상하게 쌀이 자꾸 쏟아졌다. 물만 따라 내고 싶은데 쌀까지 함께 흘러서 하수구로 빠져나가는 걸 봐야 했다. 어찌나 아깝고 속상한지 제대로 쌀을 씻지 못하는 나 자신을 책망했다. 옆집 현경이는 나와 같은 학년인데 한 살 많아서 손이 나보다 커서 그런지 쌀을 한 톨도 흘리지 않고 잘 씻는다고 했다. 그게 그렇게 부러울 수가 없었다. 곤로에 냄비밥을 하다보면 태우거나 삼층밥이 되기 일쑤였다.

하루는 엄마가 배추를 소금에 절여놓고 장사를 나가셨다. 도와
드리고 싶은 마음에 소금기를 대충 씻어내고 고추장을 넣고 버무
렸다. 자정이 다 되어 돌아온 엄마는 기특하다며 고맙다고 했다.
내 인생 최초의 김치였다.

겨울이면 아버지는 숭의동 엿 공장에서 엿을 받아왔다. 구루마
로 가져온 엿을 방 안에 쏟아놓으면 우리 식구는 작은 비닐에 엿을
담아 포장했다.

엿이 녹지 않게 하려고 그랬을까? 방바닥이 차가웠다. 우리 일
곱 식구는 곱은 손을 호호 불며 엿을 포장했다. 빈대떡처럼 동그란
엿, 가래떡처럼 길쭉한 엿, 도깨비 방망이 모양 같은 땅콩 엿 등.
춥고 힘들었지만 그래도 그날만은 달고 맛있는 엿을 골고루 맛볼
수 있었다. 우리 집이 꼭 엿 공장 같다며 언니도 나도 동생들도 깔
깔거리면서 장난을 쳤다. 장난을 치며 놀다보면 동생들 발에 자주
엿 가루가 붙어서 떼어주어야 했다. 천진한 시절이었다. 아버지는
엿이 많이 팔리면 설 명절에 예쁜 옷과 구두를 하나씩 사주겠다고
약속했다. 나는 작은 손으로 맵시 좋게 엿을 포장했다. 진짜로 엄
마 아버지가 돈을 많이 벌 수 있으면 좋겠다는 마음으로 꽁꽁 소원

을 다졌다.

까맣고 달콤한 혼자만의 공간은 내 가슴에 그리움과 간절함을 묻어둔 채 점점 보이지 않는 세계로 사라져갔다. 겨우 발견한 나 자신에 대한 각성의 공간은 점점 잊힌 채 세월이 흘렀다. 무엇을 하든 아버지의 지시와 허락이 내 행동의 기준이 되었다.

언니와 나는 가난한 우리 집의 생계를 위해 또 다른 부모가 되어야 했다. 빈손으로 이농해온 우리 식구들은 누구의 도움도 받을 수 없는 낯선 도시에서 살아남아야 했다. 그때 특히 발달한 나의 민감성은 아버지의 눈에 거스르지 않기 위해 스스로 일을 찾아서 했다. 아버지가 화가 났거나 기분이 좋지 않을 때는 심지어 나의 감정을 속이기도 했다.

"나는 지금 무섭지 않다."

힘들지도 않다. 불편하지도 않다고. 그럴 때는 유난히 동생들과 더 많이 놀아주었다. 시끌벅적 떠들어대며 어떻게든 동생들을 웃기려고 노력했다. 나는 우리 집의 처지와 현실에 대해 아무것도 모르는 척, 철이 들지 않은 척 잔망을 떨었다. 아버지는 세상에 대한 원망과 한탄과 설움의 감정을 조절 없이 쏟아냈다. 나는 아버지의 불행감과 엄마의 슬픔을 덜어주려고 노력했다. 나는 스스로 인형이 되었다.

가난한 집안 형편에 맞춰 살면서 일찍 철든 나는 조용하고 깊은 우울감이 가슴에 우물처럼 고였다. 무엇을 하고 싶거나 갖고 싶은 간절함은 익숙한 서글픔과 상실감으로 대체되었다. 도시의 가난한 집 둘째 딸로 살아온 세월이 나 자신을 마주할 시간과 공간을 만들 수 없게 했다면 이제 그 세월에게 묻고 싶다.

"너는 나에게 무엇이었니?"

그리고 뭐라 해명할 기회를 주고 싶다. 나는 그 이야기를 들어야겠다.

이제 나는 좌선한 채 눈을 감고 명상을 하며 나만의 방을 만든다. 그곳에서 아프고 슬프고 억울하고 잔뜩 화가 난 나를 대면한다. 그래도 괜찮다. 다만, 너무 늦지 않았기를……

그 옛날 달콤한 잠을 부르던 캐비닛 이불장과 무한한 상상의 공간을 마련해준 연둣빛 플라스틱 필통은 지금까지도 내 가슴에 설렘과 행복한 떨림으로 남아 있다. 나는 나만의 방 안에 촛불 하나를 켜둘 생각이다. 흔들리지만 따뜻하게, 고루 비춰줄 것이다. 그리고 어떤 이야기든 들어줄 것이다. 그렇게 나와 마주할 것이다.

박남희 파드마

2011년 1월 전국여성노동조합 위원장 임기를

마지막으로 여성노동운동 30여 년간의 소임을 마치고,

현재 9년째 명상하며 천천히 걷고 있다. '더불어 함께 행복하게 살아가는 세상'

이 여전히 삶의 화두다. 그 길을 실천하며 함께 하고 싶고, 하고 있다.

내 인생 바다로 흐르는 물 같아
메마른 땅엔 단비되어 내리고
목마른 이에겐 한 잔 물이 되며
마음 얼룩진 곳, 환하게 닦아주는
무한하고 광대한 바다와
단 한 번도 떨어져 본 적 없는
그냥 흐르는 물

행복이란
연둣빛 초록빛 생명 화사한 봄
맵고 추운 겨울과 늘 한 몸으로 오고
얼음 밑에 꽁꽁 숨긴 차갑고 쌀쌀한 겨울 마음
봄 하늘 아래 곱고 화사한 꽃망울로 터져 나왔는걸
사랑이 너무 아프고 아파, 그저 할 수 있는 건
아픔과 절망에 온전히 녹아내렸어
고통이라 생각했던 그날이 더없는 사랑인 걸
그래서 그냥 지금 천천히 숨 한번 내고 마시며
만질 수도, 볼 수도,
듣고, 맛보며, 향기와 하나 되어
지금 살아 있는 것
그냥 내가 나로 살아 있는 것
생생하게 그냥 이 순간 깨어 있음에
행복이야.

박남희 파드마

,

1985년 톰보이 불매운동

1985년 6월 "여성노동자를 해고
하고 폭행한 나쁜 기업 톰보이를 사지도 입지도 맙시다"라는 캠페
인이 전국적으로 진행되었다. 젊은 층에 인기 있던 톰보이를 만들
던 성도섬유는 1985년 3월부터, 노동절 행사 참여와 임금 인상,
근로 조건 개선 등을 요구한 여성노동자들을 폭행하고 해고했다.
이에 부당함을 제기하며 출근 투쟁과 근로 조건 개선 등을 요구하
며 투쟁하던 11명의 해고 여성노동자들과, 여성평우회와 여성단체
들, 여학생 대학연합, 종교계, 시민사회 단체 등이 모여 부당하게
해고를 당한 여성노동자 복직과 노동권을 지키기 위한 투쟁으로
불매운동을 선택했다.

톰보이 불매운동은 누구나 쉽게 여성생존권과 노동권의 문제에 동참할 수 있는 대중운동이었다. 그래서 쉽고 재미있게 참여할 수 있는 방식으로 전개했다. 불매운동을 알리는 스티커를 붙이고, 매장을 방문하여 소비자로 해고노동자 복직을 요구하고, 또 매장 앞에서 해고노동자와 여성단체가 함께 피켓팅을 하기도 했다. 또 학생과 시민 들은 회사에 전화를 걸어 항의하고 여성노동자의 복직을 요구했다.

불매운동의 방식에 참여하는 것은 어렵지 않지만 실질적으로 여성노동자의 노동권과 생존권을 지킬 수 있는 방식이었다. 여성노동자들의 투쟁과 여성단체들과 여대생들이 현장과 현장 밖에서 하나로 함께 연대하고 실천한 투쟁이었다.

1985년은 노동운동, 민중운동의 씨앗들이 꿈틀꿈틀 살아나는, 씨앗에 싹이 돋아나듯 민주화를 향한 거스를 수 없는 시대적 과제에 뜨거운, 모든 국민들의 정당한 권리와 활동들이 빨갱이라는 한 단어로 압축되어 감옥과 죽음으로 내몰렸지만 굴하지 않았던 시절이다.

총과 폭력으로도 잠재울 수 없는 민중이 주인 되는 세상을 향한 열망과 실천들이 터져 나오던, "노동자도 인간이다, 인간답게 살아보자" 노동3권 보장을 요구하는 목소리가 터져 나오던, 오랫동안 참고 눌렀던 억압들이 화산처럼 터져 나오는 시간을 톰보이 불 매운동으로 함께했다.

그곳에 우리가 있었다.

자유수출지역인 구로공단은 봉제, 전자 등 주로 경공업 산업의 공장들이 입주해 있으며 여성노동자들이 주로 일하고 있었다. 지금은 산업구조조정으로 인해 여성노동자의 일터가 제3세계로 이전되어 대규모의 여성노동자 일터를 상상할 수 없지만, 구로공단에는 5,000명이 넘는 여성노동자 사업장이 상당수 있었다.

구로1공단에 위치한 성도섬유에도, 1985년 3,000명이 넘는 여성노동자들이 일하고 있었다. 이때 구로공단에 있었던 대부분의 공장에서와 마찬가지로 성도섬유에도 노동운동을 하기 위해 취업한 활동가들도 있었다. 나 또한 그중에 한 사람이었다.

우리 회사에는 대학교를 다니다가 노동운동을 하기 위해 공장으로 온 학생 출신 활동가들도 있었고, 노동자로 일하면서 야학과 모임 등을 통해 노동자 의식을 가지고 노동운동을 시작한 활동가들도 있었다. 활동가인 우리들은 각자가 일하고 있는 부서에서 동료들과 함께하는 활동가가 되기를 결의하였다. 의식 있는 활동가 혼자가 아닌 현장 동료들 속에서, 동료들과 함께하는 현장 기반을 만드는 소모임을 조직하는 일이었다. 우리는 따로 또 같이 해고를 당하기 전까지, 먹자모임, 독서반, 기타반과 노래반 등을 조직하고 있었다.

먹자모임은 한 달에 한 번 월급을 타는 날 공단오거리 가리봉 시장에 가서 호프와 맥주 한잔을 하는 모임이다. 월급날은 기숙사에 늦게 들어가도 되는 날로, 허리를 구부려서 들어가야 하는 가리봉 오거리 다락방 호프집에서 시골에 두고 온 가족 이야기며, 라인에서 일하는 어려움, 스무 살의 꿈을 재잘재잘 수다에 녹였다. 독서반은 자취방에 모여 짧은 글들을 읽고 서로 토론을 하거나, 노동법을 공부했다. 노동자들이 갈 수 있는 열린 공간이 많지 않았던 시절에 영등포에 있었던 영등포산업선교회인 '성문밖교회'는 노동자들에게 열린 공간을 제공했다. 다양한 노래반, 기타반, 풍물반, 노동법 교실 등 소모임의 기회를 노동자들에게 열어주었다.

봄에 내리는 단비처럼 현장 활동가들은 동료들과 함께 모임에 참여할 수 있었다. 차분하게 현장을 조직해가던 우리들은, 1985년 3월 10일(지금은 5월 1일이 노동자의 날이지만, 그때는 한국노총을 만든 날인 3월 10일이 근로자의 날이었다) 영등포산업선교회에서 노동절을 기념한 연극 공연에 참석했다.

연극공연을 하던 날, 영등포산업선교회 앞에 구로공단의 회사

그곳에 내가 있었다

관리자들이 와서 공연에 들어가는 노동자들을 감시하고 있다는 사실을 몰랐다. 그 일을 계기로 나를 포함한 3명의 활동가들이 감시와 미행을 당했다.

그리고 나를 포함한 3명의 여성 활동가들은 4월 6일 회사 식당에서 임금인상과 노동조합 결성, 근로조건 개선 등을 요구하며 동료들에게 함께할 것을 제안했다. 식당에 있던 많은 현장 동료는 우리들의 요구에 박수로 함께했다. 그러나 그 길로 3명의 활동가들은 관리자들에게 끌려가 감금되고 해고되었다. 남아 있던 활동가들은 몸에 유인물을 숨기고 들어가 동료들에게 나눠주고, 현장 동료들에게 우리들의 요구가 관철되기 위해서 무엇을 해야 할지 설명해 나갔다. 회사는 노동자의 권리를 요구하는 이들을 차례로 해고시켜 성도섬유에는 총 11명의 해고노동자가 생겨났다.

해고를 당한 이후 우리들은 영등포 성문밖교회에 머물면서 해고의 부당함과 근로 조건 개선, 임금 인상을 동료들에게 알리며 출근 투쟁을 했다. 출근 투쟁은 회사 관리자들에게 폭행을 당하는 것이었다. 회사 관리자들은 사람들이 보이지 않는 곳으로 끌고 가, 교묘하게 흔적이 남지 않도록 때린다. 또 출근 투쟁하는 우리를 난지도로, 김포로, 어딘지도 모르는 곳으로 데리고 가버렸다. 회사 간부와 형사 들은 수시로 집에 찾아와 당신 딸들이 빨갱이 꼬임에 빠져 인생 망치고 있다고 협박했다. 협박이 통하지 않자, 그다음에는 돈으로 회유했다. 하청공장을 차려주겠다, 1억을 주겠다, 2억을 주겠다며 돈으로 해고 투쟁을 끝낼 것을 회유했다.

해고 투쟁을 하면서 가장 슬프고 눈물이 났던 때는 경찰과 관리자들에게 끌려가서 맞을 때보다, 부모와 가족들이 농성장을 찾아와서 동료들을 끌고 갈 때였다. 끌려가는 동료들이나 남은 우리들 모두 울었다. 부모님 손에 잡혀갔던 동료들은 며칠이 지나면 집에서 도망쳐 나와 다시 농성장에 합류했다.

회사는 돈으로 우리의 싸움을 끝내고 싶어 했고, 폭력과 협박으로 노동운동의 싹이 꺾여 나가길 바랐지만, 나 혼자의 문제가 아니었기에 우리는 해고 싸움을 끝낼 수 없었다. 만일 우리가 여기서 돈을 받고 싸움을 끝낸다면, 자본가들은 언제나 돈으로 자신의 권리를 찾으려는 노동자들의 정당한 요구와 투쟁을 듣지 않고 돈으로 해결하려고 할 거니까. 그래서 우리는 힘든 때도 있었지만 싸움을 멈출 수 없었다.

이런 현장 여성노동자의 투쟁에 많은 여성운동가가 실천적으로 불매운동으로 함께 동참했다. 1985년 부당 해고는 우리 사업장에서만 있었던 것이 아니라, 구로공단의 다른 사업장에서도 노동자의 권리를 찾고자 했던 이들이 해고되었다.

개인과 한 사업장의 단사 문제로 여기고 대응하기보다 지역에서 함께 해고 싸움을 연대하였다. 또한 단위 사업의 임금 인상과 근로 조건 개선 요구뿐만 아니라 정치적으로 노동자들이 각성하고 단결 하기 위해 지역 조직들이 만들어졌다. 지역의 해고자들과 함께 가 리봉오거리 점거농성을 계획했다. 성도섬유에서는 내가 옥상 점거 농성에 참여하기로 했다. 노동자들이 출근하는 시간에 맞춰 15여 명의 해고 노동자들이 옥상에 올라 검거 농성을 하기로 했다.

"노동3권 보장하라!" "노동자도 인간이다!" 구호를 외치고 아래 서는 노동자들의 권리와 함께 단결하자는 유인물을 돌리고 있었 다. 출근하며 유인물을 가져가는 노동자들이 옥상 점거 투쟁을 보 면서 현장에서 노동자의 권리에 대해, 노동3권에 대해, 이야기해 주길 간절히 바랐다. 저임금을 받으며 장시간 노동하는 노동자들 이 사회에 알려지길 바라는 마음뿐이었다.

곧이어 경찰과 전투경찰이 검거 농성장에 있는 우리들을 끌어 내기 시작했다. 질질 끌려가면서 사람이 사람을 죽일 수 있을 만큼 폭력을 행할 수 있다고 느낄 정도로 군홧발과 각목으로 숱하게 맞 았다. 그리고 경찰서로 끌려가서 구류를 선고받고 일부 농성자는 구속되었다.

다른 활동으로는 새벽에 노동자의 권리와 단결을 호소하는 선전물을 돌렸다. 대부분의 노동자가 살고 있는 가리봉오거리의 주택을 '닭장집'이라 불렀다. 한 집에 걸어갈 수 있는 아주 좁은 복도만 남겨두고 많은 방을 만들었다. 시골에서 올라온 이들이 가능하면 싼 방을 찾았고 닭장집에는 많은 노동자가 살고 있었다. 노동자들이 투쟁해서 자신의 권리를 찾아가는 사례, 전두환 독재정권의 문제점, 사회주의 국가 소식, 노동운동이 왜 필요한지 등 노동자들을 깨울 수 있는 내용의 선전물을 그들이 사는 방에 2인 1조가 되어 배달했다. 선전물을 돌리다가 경찰에 걸리면 바로 구속감이다. 가두투쟁, 가리봉오거리에서 영등포에서, 명동성당에서 가두에서 하는 데모도 우리가 할 수 있는 일이었다.

6월 22일, 구로공단의 김준용 위원장, 김명자 사무국장, 서태원 등 민주노동조합을 결성하여 활동하는 대우어패럴 노동조합 간부들을 구속했다. 이들을 구속한 것은 더는 노동자들의 투쟁을 두고 볼 수 없다는, 다시 싹을 틔우는 노동운동을 말살하려는 것이었다. 이들 간부들 구속은 구로공단의 노동조합운동을 탄압하는 첫 신호가 시작된 셈이었다. 다른 위원장의 구속은 곧 우리 노동조합위원장의 구속과 노동조합을 와해하는 길이기에 구로공단 노동자들과 노동조합들은 구로동맹파업을 결의하고 투쟁하였다. 구로 지역에

2,000여 명의 해고자들이 생겨났다.

구로동맹파업투쟁으로 노동자의 부생이 임금 인상과 근로 조건 개선인 경제적인 요구뿐만이 아니라 정치적인 요구를 담은 노동운동을 실천하는 서울노동조합연합이 생겨났다. 구로공단에 성도섬유 해고자들의 문제는 사업장이 아니라 정치적인 문제가 되었다.

지속적인 불매운동으로 매출이 떨어진 회사는 핑계를 댔다. 2,000명이 넘는 노동자들이 해고된 구로공단에서 단위 사업장에 복직하는 선례를 만들 수 없다는 것이다. 성도섬유는 다른 것은 다 해도 복직은 안 된다고 했다. 11명의 여성노동자들은 그동안의 성도투쟁, 톰보이 불매운동을 정리 평가하면서 다른 현장에서 여성노동자로 노동운동에 씨를 뿌리는 실천적 삶을 살아가기로 다짐했다.

이후 톰보이 불매운동은 1986년 백양메리야스 투쟁, 1987년 청바지 뱅뱅 불매운동으로 이어졌고, 1986년 여성대회에서 여성생존권대책위를 결성하는 밑거름이 되었다.

공(空) 이야기

1985년 성도섬유 해고 투쟁, 톰보이 불매 투쟁을 할 때 내 별명은 공이었다.

영등포도시선교회에서 일하면서 성도섬유 톰보이 불매운동을

함께 기획하고 지도해준

지금은 고인이 된 유구영 형이 붙여준 별명이다.

공기 알맞게 들어간 공처럼 통통 튕기는 생기발랄함과

동글동글 정말 공 같았던 내 외모 때문에 붙여진 이름이리라.

그때는 공이라고 불리는 것이 참 싫었다.

시간이 지나서 나에게 붙여진 공이란 이름을

기억했고 사랑하게 되었다.

인생이란 참 공평하게도

가장 힘들고 가장 어렵다고 느낀 순간에

가장 빛나는 이름을 찾게 만들어주었다.

'空' 비어진 공간, 빈 허공

동글동글 모나지 않는 동그라미인 공

완전하게 이루어졌다는 의미의 공

지혜와 자비 그리고 진정한 평화를 이룬 의미의 공

그래서 나는 공이 될 것이며

공이 되었다.

야학과 혜경 언니

1985년 성도섬유 해고자 복직투쟁, 지역활동과 톰보이 불매운동은 여성노동활동가로 살아갈 내 삶의 나침반이 되었다. 이 투쟁은 내 삶에 뿌리가 되어 30년을 여성노동활동가로 후회 없이 일하게 했다. 내가 여성노동활동가가 된 계기를 만들어준 것은 야학이었고, 1980년 광주민중항쟁이었으며, 전태일 선배였다. 1980년 광주민중항쟁은 대학생들을 공장노동자로, 농촌으로, 빈민가로, 야학으로 향하게 했다.

아무리 아무리 생각해도 공부밖에는 방법이 없었다. 대학교를 가는 것 말고는 가난에서 벗어날 길이 없어 보였다. 공장을 다니면서 가난에서 벗어날 수 있는 대학교에 갈 수 있는 첫걸음으로 열여

덟 살에 찾은 생활 야학은 말로만, 겉으로만 생활 야학이었다. 전태일 선배의 일기를 복사해 읽게 했고, 노동자의 권리와 노동자들이 단결해야 함을 알려주었다.

맨 처음에는 노동자와 농민, 일하는 사람들이 이 세상에서 얼마나 중요한지 알려주는 강학들과 엄청나게 싸웠다. 햇볕도 없는 지하실에서 한 달에 두 번 쉬면서 자주 야근해야 하는 삶을 평생 살라고? 싫다, 나는 그렇게 살기 싫다고 했다.

대학교 1~2학년이었던 고작 스무 살에 청년 학강들은 대답하지 못하고 함께 울었다. 노동자로 살기 싫다며 반항하고 거부했던 것은 어쩌면 노동자인 내가 어떻게 살아야 할지에 대해 결정하느라 그랬는지도 모르겠다.

나처럼, 혼자서 공부하고, 대학교에 가 좋은 직장에 취직해서 돈을 벌면 가난을 끝낼 수는 있을까? 혼자라면 가능하다 싶었다. 그러나 '그렇게 하면 공장에서 함께 일했던 수많은 노동자가 다 잘 살 수 있을까?'에 대해서는 긍정적으로 답변할 수 없을 것 같았다. 결국 나는 여성노동자로 살리라, 노동운동을 통해 더불어 살아가는 사회를 만들어야지, 그런 일을 하는 활동가가 되겠다고 결심했다.

그리고 30년을 여성노동자, 활동가로 일했고, 살았다. 출근 시간은 있으나 퇴근 시간이 없는 일, 할 일을 찾으면 무한정으로 많고 일

그곳에 내가 있었다

이 없다고 생각하면 하나도 없는 활동가의 일, 다른 걸 돌아볼 틈 없이 헌신했던 일, 봉제노동자늘의 소식인 옷을 만드는 사람들, 어성노동자회 조직차장, 전국여성노동조합 위원장으로 임기를 마쳤다. 여성노동활동가로 소임을 다한 마음이랄까! 그렇게 여성노동활동가의 소임을 마쳤다.

누군가 다른 활동가들이 씨를 뿌려준 것으로 분회와 지회를 만들 수 있었다. 여성노동자를 조직화할 수 있었다. '선전물을 돌리는 일, 설문지를 들고 현장에 나가 여성노동자를 만나는 일, 함께했던 거리 캠페인, 상담과 교육 등 지금껏 해온 일들이 늘 씨를 뿌리는 일이면 좋겠다, 꼭 내가 거두지 않아도 누군가 다른 활동가들이 조직화의 결실을 볼 수 있으면 좋겠다'고 생각했다.

그 길에 내가 있었다.

혜경 언니!

내가 여성노동자로 살아갈 수 있는 계기가 된 야학에서, 언니는 가르치면서 배우는 강학으로, 나는 배우면서 가르치는 학강으로 만났어. 그게 1981년이니 벌써 38년이 지난 거야.

언니가 대학교 2학년 때였나, 곱고 화사하게 웃던 언니를 생각하니 지금 내 얼굴에 미소가 생기네. 많은 학생이 가고 싶어 하는 연세대학교에서 피아노를 전공한 혜경 언니, 야학에서 공부하면서, 언니는 인천공단에 있는 효성물산에 취직했어. 여성노동자로 살겠다고 말이야.

비슷한 시기에 나 역시 강학들에게는 노동자로 살지 않겠다고 했지만, 노동자인 내 삶을 스스로 받아들이고 결정해서 구로공단으로 갔지. 민중이 주인 되는 세상, 노동해방을 꿈꾸며 여성노동자로 살 결심을 하면서…….

대학교를 졸업하면, 편히 살 수 있는 길을 마다하고 여성노동자가 되는 삶을 선택한 혜경 언니, 참 많은 대학생이 자신들의 기득권을 포기하고 그렇게 민중으로 살겠노라 현장으로 가던 시절이었다. 나는 원래 그냥 있던 곳에서 진짜 노동자로 살겠노라 다짐한 거지만 말이야.

우리는 그때 어떤 마음이었을까?

참 많은 이가 민주화, 더불어 함께 잘 살고 싶은 세상을 위해 자신들을 헌신했던 것 같아. 우리들의 부모님들까지. 언니가 공장을 가겠다고 집을 나오면서, 부모님이 찾을 수 없도록 짐을 정리했지만, 어쩌다 내 연락처가 남겨졌나봐, 언니 아버지가 나를 찾아와서 애타게 언니를 찾았어. 까칠해진 아버지, 간절하게 언니를 찾던 아버지를 보면서 정말이지 목까지 언니가 어디 있는지 말할 뻔했어.
참, 부모님 마음을 아프게 했던 시절이다. 부모님 속을 까맣게 타
들어가게 했지. 언니네 부모님도 마찬가지였어.

혜경 언니! 여성노동자로 살 수 있었던 지난 30여 년은 내 삶
최고의 축복이야. 주체적인 여성노동자로 살 수 있게 계기를 만
들어줘서 고마워.

혜경언니! 또 언니와 같은 많은 지식인의 헌신과 노력들이 있어
서 내가 진짜 여성노동자가 될 수 있었어. 여성노동운동 그 길
에 있었던 내 삶을 진심으로 고맙고 감사하게 생각해. 함께해
준 많은 선배들, 자매들, 동지들도. 때로는 쉽지 않았고, 능력
이 부족해서 고민했지만, 여성노동운동과 함께한 삶은 내 삶에
더할 수 없는 축복이며 선물이야. 지금까지도 현장에서 노동자
들을 위한 교육운동을 하고 있는 혜경 언니를 보면 존경스러워.
그리고 현장노동자를 대신해서 고맙고 감사해. 말로는 그 감사
함과 고마움을 온전히 다 표현하기가 모자라.

혜경 언니, 나는 2011년 1월 전국여성노조 위원장 임기 후인 지
금은 주로 명상 공부를 하고 있다. 솔직히 고백하면 나도 내가 여
성노동조직활동가 소임을 이렇게 마음 편하게 마칠 거라고 생각
하지 못했어. 여성노동운동에 숟가락 하나 얹어놓고 평생을 살겠

노라 했는데 말이야. 그렇지만 명상하고 사는 이 길이, 내게는 활동가로 사는 것과 그렇게 다르지는 않아. 언니도 알겠지만 지금까지 주로 내가 한 일은 조직과 투쟁이었어. 지금까지 여성노동자를 만나면서, 우리 사회가 정치적으로 사회적으로 변화하면서, 또 마음 아픈 이들을 보게 된 거야. 몸이 불편한 분들은 겉으로 드러나니 아프구나 서로 배려도 되지만, 마음이 아픈 것은 눈으로 보이지도 않아. 잘 알 수 없어.

세상은 조금씩 나아져 가는데 왜 사람들은 행복해하지 않을까? 이게 뭘까? 민주화, 제도적인 변화, 물질적으로는 좀 더 풍족해졌지만, 사람들의 삶은 더욱 불안하고 불행하다고 말하고 있어. 사람들의 삶과 함께 변화하지 않으면, 사람들 마음이 함께 변화하지 않고는 우리는 모래 위에 계속 성을 쌓는 게 아닐까?

언니, 그럼에도 처음 야학에서 운동을 시작한 첫 마음은 지금껏 내 마음에 살아 있어. 더불어 함께 살아가는 삶 말이야. 자신의 기득권을 내놓고 현장으로 달려와준 대학생들과 많은 지식인, 그리고 진짜 노동자로 살겠노라 현장에서 깨어나고 자각한 노동자, 민중들이 있어서 지금의 또 다른 투쟁들이 만들어질 수 있었을 거야. 철들면서 시작한 노동운동, 여성노동운동 조직활동가의 삶, 그리고 지금 명상을 하겠노라 할 수 있는 건 바로 그 시간

그곳에 내가 있었다

들이 있었기 때문이야. 그리할 수 있도록 기회를 만들어준 혜경

인니, 진심으로 고마워.

이주환 리나

'한국여성노동자회', '전국여성노동조합'에서
10년간 일하다가 선후배와 함께 '일하는여성아카
데미'를 창립했다. 그리고 15년째 교육활동가로 일하고 있다. 배운 것을 다른
사람과 함께 나눌 때 큰 기쁨을 느끼며, 폭력과 차별이 없는 평화로운 사회를
꿈꾼다.

Chapter

03

내 인생은
흘러가는 강물과 같다.
흘러가고 흘러가며, 그리고 빛나는

행복이란
저녁때 하루를 감사하게 마무리할 수 있는 것
힘들 때 함께 나눌 친구가 있는 것
외로울 때 고요히 혼자 있을 수 있는 것

나에게 행복이란 한마디로 순간순간을 사는 것
사랑하고, 함께하는 것
따뜻함을 나누는 것
소소한 일상을 즐기며 만족하는 것
집착을 내려놓는 것
누군가를 위해 나누는 것

이주환 리나

,

뜨거웠던 열망의 시기,
자유와 해방을 그리며

학교는 낭만적이지 않았다

1985년 대학에 입학했다. 고등학교 3년을 학교와 집만 왔다 갔다 하던 삶이 끝났다. 이제 단조로운 일상에서 해방되려나? 나는 대학생이 된다는 사실에 들뜨고 설렜다. 텔레비전이나 광고에서 나온 것처럼 꽃피는 봄날 연애하고, 한쪽 손에 책을 들고 캠퍼스를 걸으며 낭만을 즐기는 그런 시간들이 내게 올 줄 알았다.

파마를 했다. 빨간 바지와 병아리처럼 노란색 상의를 입고 학교에 갔다. 입학 초기 학과에서 엠티를 갔을 때만 해도 환상은 여전했다. 모닥불 피워놓고 밤새 기타 소리에 맞춰 노래를 부르면서 이런 낭만적인 시간이 계속될 줄 알았다. 그러나 나의 바람은 얼마 되지 않아 산산이 부서졌다.

4·19를 앞두고 대학 캠퍼스는 분주했다. 문화행사와 집회, 4·19탑에서의 가두시위가 계획되었다. 나는 재미있는 공연을 하는 줄 알고 대학 캠퍼스 금잔디광장에 갔다. 그리고 문화 충격을 받았다. 주인공은 사지가 뒤틀리고 일그러지는 춤을 추었다. 나는 왜곡된 이미지를 온몸으로 표현하는, 뒤틀린 신체의 움직임과 마주하는 것이 당혹스러웠다. '춤' 하면 우아하고 멋지고 아름다운 것만을 보고 상상해왔다. 그러나 주인공은 자신이, 인간이, 더 나아가 이 세상의 것이 아닌 양 춤을 추었다. 마치 내가 지금껏 믿어왔던 것들이 얼마나 뒤틀린 허상이었는지 느껴 보라고 외치는 것 같았다. 시대의 뒤틀림과 마주해버린 것이다.

그 춤은 점점 더 자유로워졌다. 심장과 온몸이 춤사위처럼 꿈틀거렸고, 그 순간 나는 해방되었다. 자유와 해방을 향한 나의 열정은 이렇게 불을 지폈다.

그 뒤로 수많은 죽음과 만났다. 그리고 죽음 앞에서 의문이 꼬리에 꼬리를 물고 이어졌다.

왜 이들은 죽어갔는가? 왜 국가권력은 이다지도 폭력적인가? 왜 서로 죽고 죽이는가?

그곳에 내가 있었다

나라면 그 상황에서 어떤 선택을 했을까?

이런 고민은 현재에만 머무르지 않았다. 과거 역사에서 반복된 민중항쟁의 기억을 되살리며 더욱 깊어졌다. 선배의 권유로 이런 고민을 함께 나눌 수 있는 서클(동아리)에 가입했다. '여성문제 연구회'라는 여성동아리였다. "여성들이 문제가 많은가봐, 연구회를 만들고"라며 주위 남자 동료들이 빈정거렸지만 아랑곳하지 않았다. 그곳에서 해방전후사의 인식, 민중과 지식인, 자본주의의 구조와 발전, 서양경제사, 세계경제사 등 다양한 사회과학 분야의 책을 읽고 토론했다. 또한 프롤레타리아 혁명을 통해서 민중권력을 획득한 사회주의 국가들에서조차 여성 차별은 극복되지 않았음을 자각하고, 극복하기 위해서는 또 다른 노력을 해야 한다는 사실을 알았다.

1985년. 내가 대학에 입학했던 그해는 정치, 경제, 사회구조에 대한 서적뿐만 아니라 여성해방의 이론체계 등 여성해방론을 주창하는 책들도 쏟아져 나오던 시기였다. 평소에 종손 며느리로 고생하는 엄마의 모습을 보면서 여성들의 어려움을 느꼈던 때라 이 책들은 나에게 세상을 비판적으로 바라보는 새로운 인식론을 제공해주었다.

당연하게 여기던 것들이 당연하지 않았다. 사회구조와 시스템이 누구를 위해서 어떻게 작동되는지 알았다. 무엇보다도 나의 열망은 더 이상 막연한 환상이 아니었다. 구체적인 사회변화를 통해서 자유와 해방을 실현시킬 수 있다는 희망이 내 안에서 피어났다.

그랬다. 이제 대학은 나에게 낭만적인 장소가 아니라, 사회변화를 꿈꾸고 그것을 향해 실천하는 투쟁의 장이었다. '여성해방 인간해방' 그 모토가 심장을 뛰게 했다.

사회변화의 열망이 가슴에 뿌리내리다

사회과학 서적들이 내가 보지 못했던 새로운 인식을 제공했다면, 학교에서의 문화적 경험은 변화의 열망을 확고히 뿌리내리게 했다. 4·19행사에서 접한 춤사위가 그랬고, 5월 대동제 때 만난 5·18 광주항쟁의 기억을 담은 비디오와 노래가 그랬다.

5·18 광주항쟁 비디오를 처음 보았던 날의 기억이 아직도 생생하다. 주검 앞에서 울부짖는 어머니와 가족들. 학살자를 규탄하는 목소리와 오월 광주를 기억하는 노래들.

"왜 쏘았지, 왜 찔렀지, 트럭에 싣고 어딜 갔지……?"

"오월 그날이 다시 오면 우리 가슴에 붉은 피 솟네."

노래를 따라 부르다 보면 내 가슴에서도 붉은 피가 솟아오르는

그곳에 내가 있었다

기분이었다. 또한 내가 속한 '여성문제연구회'에서는 5월 대동제 때마다 여성들이 처한 현실을 공유했다. 1학년 때에는 슬라이드를 활용해서 농촌 여성이 상경하여 성매매 여성이 되기까지의 과정을 보여주었다. 2학년 때에는 타이밍 약을 먹고 밤샘 작업을 하던 여공이 미싱에 손이 찔려서 병원에 실려 가고, 여성노동자의 낮은 임금과 열악한 환경을 고발하다 끌려가는 공연을 했다. 이 공연을 함께 준비했던 동료와 선배들은 YH와 동일방직 여성노동자 투쟁 사례를 보면서 "어떻게 이런 일이 일어날 수 있는가?"라며 분개했다. 주인공 역할을 맡았던 나는 여성노동자가 되어 아파했고 눈물을 흘렸다. 이런 현실은 변화되어야 한다고 실감했다.

많은 학우가 대동제에 함께 참여했고 행사가 끝나면 금잔디 광장 곳곳에 삼삼오오 둘러앉았다. 막걸리 잔을 기울이며 함께 시대를 토로했다. 나는 노래를 부르고 또 불렀다. 마치 노래 가사에 나오는 주인공이 된 것처럼, 소외된 사람들의 아픔을 고스란히 함께하는 것처럼.

그때 민중가요에는 사회에서 탄압받고 힘들게 살아가는 사람들이 자주 등장했다. 가사에 나오는 사회변화를 향한 열망은 노랫가락과 함께 나의 가슴에 새겨졌다.

투쟁과 실천, 한계를 넘어서는 성장의 발판이 되다

1학년 때 4·19 탑 앞에서 죽어간 열사들을 추모하는 집회가 있었다. 아직도 생생히 기억한다. 집회가 끝나고 참석자들이 가두로 쏟아져 나왔다. 전투경찰이 최루탄을 쏘아대면서 시위대를 덮쳤다. 나는 연기 자욱한 곳에서 달아나다가 덜컥 붙잡혔다. 전투경찰은 나의 머리채를 붙잡았고, 방패로 등을 찍어 눌러 바닥에 주저 앉혔다. 다행히 훈방 조치되었지만 유치장에서 꼬박 하루를 보냈다. 나는 의문이 들었다.

'뭐가 무서워서 이렇게까지 탄압하는가?'

대학에 입학했던 1985년부터 '전국여학생대표자협의회'를 만들기 위해 전국을 다니며 분투하던 1989년까지 가두에서 수많은 집회와 투쟁이 있었다. 나는 한번 시작하면 끝을 보고야 마는 성격이었고, 소위 말하는 운동권 학생이 되었다. 개근상은 기본일 정도로 성실했던 탓에 대학교 1~3학년 때까지는 나름대로 고통이 있었다.

내가 다니던 수학교육과는 출석을 하지 않으면 성적을 안 주기로 유명했고, 심지어 어떤 과목은 일주일에 한 번씩 시험을 치렀다. 가두시위와 집회, 농성이 끊이지 않던 그 시절에 출석 체크를 꼬박꼬박 하는 것은 불가능했다. 두 학기 동안 연속적으로 2과목

이상 F학점을 받으면, 소위 '빵꾸'가 나서 제적되는 상황이었다.

나는 1~3학년까지는 제적 받지 않을 정도의 싱직을 긴신히 유지했다. 그러나 시험 볼 때가 되면 눈앞의 시험지를 풀지 못해서 괴로웠다. 고등학생 때까지 우등생이었던 나로서는 그 상황 자체가 큰 스트레스였다. 그 이후부터 압박을 받으면 스트레스와 강박이 꿈으로 나타나 나를 괴롭혔다.

4학년이 되어 총여학생회장을 맡고 성적도 유지하면서 운동을 하려는 줄다리기를 내려놓았다. 그때 많은 운동권이 노동 현장을 선택했듯이 나도 노동자로 살겠다고 결심했다. 대학생이라는 기득권을 포기하겠다고 마음먹었다. 나는 모든 수업에 들어가지 않았고, 교생실습도 가지 않았다. 총여학생회 룸에서 거의 1년을 먹고 자면서 활동했다. 지금 생각하면 '뭐 그렇게까지 할 필요가 있을까?'라고 생각할 수도 있겠지만 그때는 그게 최선이었다. 100퍼센트 운동에만 올인했다. 시대의 큰 흐름에 나를 맡기기로 선택한 것이다.

나는 총여학생회장을 하면서 전념이 무엇인지 배웠다. '여기까지'라고 제한하는 나의 한계를 극복할 수 있었다. 창조성이 발휘되고 아이디어가 샘솟았다. 동료들과 함께 '어떻게 여학우들과 함께 할 수 있을까?'를 고민하고 또 고민했다.

여학생회의 다양한 활동 중 가장 기억에 남는 것은 필수과목이었던 무용수업을 선택으로 돌려서 사실상 폐지시킨 투쟁이다. 여학생은 무용이 필수이고, 남학생은 교련이 필수였던 성차별적인 커리큘럼에 맞서 싸운 대중투쟁의 승리였다.

이에 100여 명이 넘은 여학우들이 참여했다. 캠퍼스를 돌면서 "무용수업 철폐"를 외쳤다. 그래도 관철되지 않자 2학기 수강 신청을 하지 않고, 싸워서 결국 쟁취했다. 당사자들이 직접 참여해서 부당한 차별적 제도를 바꾸어낸, 기쁨의 순간이었다. 이런 작은 승리의 경험들이 모이고 모여서 이후 여성운동의 진영에서 법과 제도변화를 위해 활동하는 원동력이 되었다.

1980년대를 흔히 독재에 대항한 정치적 민주화에 대한 열망이 분출된 시기로 규정한다. 그러나 그 시기는 정치적 민주화를 이루어내기 위한 열망뿐만 아니라 억압받고 소외된 모든 사람이 자신이 처한 환경을 이겨내고 자유와 해방을 꿈꾸던 시기였다. 그중에는 차별받고 억압받았던 여성들도 포함되어 있다.

1980년대 자유와 해방, 그 뜨거웠던 열망의 시기. 그곳에 내가 있었다.

그곳에 내가 있었다

,

딸아, 너나 잘 살아

딸이 엄마에게

사랑하는 엄마!

엄마! 작은딸 주환이에요. 저 기억하시죠?

엄마가 살뜰하게 보살펴주시고 믿음직스러워했던 주환이.

엄마를 떠올리면 엄마가 해주셨던 찹쌀떡, 탕수육, 삼계탕 그리고 석유 오븐에 구워서 김이 모락모락 나는 빵이 떠올라요. 찹쌀떡을 해주시는 날이면 저는 엄마 곁을 떠나지 않고 엄마가 떡을 다 만드실 때까지 지켜보곤 했지요. 팥을 삶고, 체에 거르고, 또다시 삶아서 붉은 물이 찹쌀떡 속에 넣을 소가 될 때까지 엄마는 나무

주걱으로 저으면서 끓이고 또 끓였지요. 엄만 그때 무슨 생각을 했을까요? 자식들 먹일 생각에 마냥 행복했을까요? 아니면 힘든 어떤 기억을 떠올렸을까요?

팥으로 만든 소가 다 만들어지면 떡매로 쳐서 찰진 찹쌀 안에 소를 넣고 동글동글 빚었지요. 그때 저는 벌써 입안에 침이 가득 고이곤 했답니다. 엄마는 여러 개의 찹쌀떡을 만든 후 녹말가루를 묻혀서 둥그렇고 뚜껑이 있는 스테인리스 그릇 안에 차곡차곡 담은 후 다락방 안에 감추듯이 보관했어요. 그러고는 참새 어미가 새끼에게 먹이 주듯이 조금씩 꺼내서 저희 형제자매들에게 나누어주었지요. 그때는 정말 맛나고 행복했습니다.

엄마는 다른 음식도 많이 만들어주었어요. 여름날이면 어김없이 각종 약재를 넣어서 푹 끓인 삼계탕을 만들어 여러 식구 다 모아 먹이고, 석유곤로 오븐에 김이 모락모락 나는 다양한 빵을 만들어주고 심지어 생일 때는 케이크도 만들어주었지요. 물론 지금 사 먹는 케이크와는 완전히 다른 것이지만 군것질이 귀한 그때는 정말 최고의 선물이었어요.

하루는 제가 탕수육이 먹고 싶어서 엄마에게 만들어달라고 졸랐던 기억이 나요. 엄마는 그때 피곤해서 "다음에 만들자"라고 했는데 제가 하루 종일 쫓아다니면서 "탕수육 먹고 싶어요. 만들어주세

그곳에 내가 있었다

요"라고 떼를 썼어요. 엄마는 마지못해 저녁이 다 되어서야 탕수육을 만들기 시작했지요. 돼지고기를 잘라서 생강과 소금, 후추로 밑간을 하고 밀가루를 곱게 체로 친 후 녹말가루를 물에 풀어 앙금이 생길 때까지 기다렸어요. 녹말가루 앙금이 다 만들어지면 그것으로 튀김 반죽을 만들었지요. 돼지고기에 밀가루를 묻힌 후 튀김옷을 입혀서 적절한 온도의 끓는 기름에 넣어 튀겨내면 겉은 바삭하고 고기는 쫄깃한 탕수육이 만들어졌어요. 저는 금방 튀겨내, 소스를 묻히지 않은 것을 더 좋아해서 엄마 옆에 앉아 지키고 있다가 튀겨내자마자 하나씩 집어 먹곤 했어요. 그때 그 탕수육이 얼마나 맛있었나 몰라요. 정말 꿀맛 같았어요.

저는 그때 엄마가 얼마나 고단했을까 하는 마음 따위는 아예 없었고 오직 제 입으로 들어올 맛난 음식만 생각했는데 지금 돌이켜 보니 참 철이 없네요. 엄마는 그 음식을 만들면서 무슨 생각을 했을까요?

이제 엄마가 만들어준 음식을 먹을 수가 없네요. 치매 초기부터 엄마가 가장 먼저 상실한 것이 음식을 만드는 기능이었지요. 스물두 살에 결혼해서 평생 식구들의 밥과 음식을 챙겨주던 분이 여든이 되어 치매라는 병을 앓으면서 겨우 밥하는 의무를 내려놓았네요. 좀 더 일찍 그 의무를 내려놓고 행복한 순간을 즐겼으면 어땠을까요? 그럼 엄마에게 좀 더 다른 삶이 펼쳐지지 않았을까요?

엄마의 음식을 오랫동안 얻어먹고 또 그 시절을 그리워하면서 이런 생각을 한다는 게 뭔가 앞뒤가 안 맞는 것 같아요. 그래도 엄마가 행복을 위해 자유롭게 날아갈수록 자녀들이 불행해지는 것은 아니었을 텐데 하는 아쉬움이 들어요. 자유롭게 훨훨 날아 보지도 못한 새가 날개가 꺾인 것 같아 안타까워요. '엄마는 행복했을까?' 하는 의문도 들고요.

엄마! 남은 삶 육신의 고통은 있어도 마음은 평안하길 바랍니다. 그리고 엄마의 음식은 저에게 사랑이었고 최고의 선물이었어요. 엄마의 사랑과 선물, 정말 감사합니다.

엄마가 딸에게

주환이 우리 작은딸 안녕.

나는 잘 지내고 있다. 아무 걱정하지 마라. 내 걱정일랑 조금도 하지 말고 김 서방이랑 준오, 지은이 잘 챙겨주렴. 무엇보다도 건강한 게 최고니까 밥은 꼭 챙겨 먹어야 하고. 너도 너무 바쁘게 돌아다니지 말고 집안일도 잘 챙기고. 알았지?

집안이 평화로워야 모든 게 안성되는 거다. 가족들 건강하면 뭐든 다 헤쳐 나갈 수 있고. 너무 큰 것 바라지 말고 평범해도 부족함 없이 가족들 화목하면 그게 최고야, 알았지?

너는 내가 음식하고 집안일하는 게 많이 힘들었을까봐 걱정하는데 그건 아니다. 나는 음식 하는 것을 좋아하고 그것에 호기심도 많단다. 여러 가지 재료를 섞으면 이것저것 만들어지는 게 신기하기도 하고 만들어놓은 것 식구들이 잘 먹으면 내 배가 그렇게 부를 수가 없거든. 그러니 그게 다 행복이지 뭐가 행복이겠니?

밥해주는 건 아무것도 아니었어. 단지 아침에 일어나기 싫어도 일어나야 하고, 도시락 열두 개 싸던 시절에는 좀 힘들었지. 객식구가 집에 와 있을 때는 비위 맞추기도 힘들고, 뭔가 잘못되면 다 내 책임으로 돌려질까봐 신경 쓰다 보니 스트레스로 위장병이 도지곤 했거든. 너도 알다시피 네 할머니가 보통은 아니었잖니. 이런저런 소리 들으면서 맏며느리 노릇하는 게 쉬운 건 아니거든. 그리고 니 아버지는 무심해서 내가 어떤 소리를 해도 한 귀로 듣고 한 귀로 흘려보내는 사람이고 이런저런 가타부타 말이 없으니 내가 답답해서 가슴을 칠 때가 있었지.

그렇지만 그건 다 지난 일이야. 이젠 나 괴롭히는 사람도 없고 자식들도 커서 시집 장가 다 갔고 그러니 걱정할 거 하나도 없다. 네가 경제적으로 어려워서 조금 걱정했는데 그래도 집은 샀으니까 이젠 아무 걱정 없다. 열심히 알뜰하게 살면 밥 먹고사는 데는 지장 없을 테니 너도 이런저런 걱정하지 말고 살아.

아이들이 어릴 때는 니 오빠와 언니가 하도 극성맞아서 내가 좀 힘들긴 했지. 큰애는 툭하면 나갔다 멀리까지 가서 길 잃어버릴까 봐 노심초사하고, 니 언니는 니 아버지 닮아서 집안일은 일체 관심 없고 머슴아같이 돌아다니니 내가 속상하긴 했지. 때려도 소용없었으니까. 그래도 넌 손 안 가는 딸이었어. 알아서 공부하고 집안 일도 도와주고. 그 정도 일 안 하는 여자들 하나도 없었으니까 내 가 힘들다고 말할 것도 없지.

내가 살면서 좀 아쉬운 건 전쟁 나서 학교를 다 못 다닌 거야. 중 2까지 다니고 못 다녔으니까. 그래도 《명심보감》까지 혼자서 다 뗐 다. 혼자서 글씨 써가면서 배웠지. 신문도 열심히 보고. 그래도 내 가 동네에서 달리기 하면 일등이고 씨름하면 당할 애가 없었어. 체 구는 작아도 힘이 셌지. 일도 좋아해서 밭일도 뚝딱뚝딱 잘했지. 지금도 걷는 건 자신 있어. 내가 얼마나 빨리 걷는데.

그러니까 내 걱정 말고 너나 잘 살아. 알았지? 너무 늦게 다니지 말고. 요즘 나쁜 사람들도 많으니까 조심조심해야 해. 애들 밥 잘

그곳에 내가 있었다

챙기고, 알았지? 아, 그리고 길 건널 때 꼭 육교로 건너고. 너 죽으면 나도 죽는 거나. 그러니까 꼭 육교로 다녀. 알았지?

에필로그

종손 며느리로 일 년에 열두 번 제사를 지내고, 2남 2녀를 낳아 키운 엄마는 지금 요양원에 있다. 일흔아홉 때 추석을 지낸 후 허리가 아파 병원에 입원하시더니 그 후 기력이 점점 떨어져서 치매에 걸렸다. 두 번 넘어졌는데, 두 번째 넘어졌을 때 고관절이 부러졌다. 엄마는 평소에 걸음이 빠르고 뛰기도 잘했는데 이제는 걷지를 못한다.

가까이 살면서 내가 일과 양육을 병행할 때 많이 도와주었는데 정작 나는 엄마가 움직이지 못하니 할 수 있는 게 별로 없다. 사회 서비스 시설이 없던 시절 수많은 여성이 이런 상황에서 자신의 모든 것을 포기하고 돌봄을 해왔다. '나도 모든 것을 포기하고 돌봐야 하나?' 순간순간 갈등이 일어난다.

엄마는 나의 행복을 원한다. 나는 내 일과 가정을 모두 포기하고 엄마를 돌볼 수가 없다. 지난 4년간 가까이에서 두 집 살림하면서 돌봤던 경험으로도 그것은 불가능하다. 일, 가정, 돌봄 어느 것 하나도 제대로 하는 것 없는 것 같지만 어느 것 하나도 포기할 수는 없다. 그 모든 것이 내 삶이다. 포기할 수 없는.

엄마에 대한 미안함으로 편지를 쓰면서 마음이 무거웠는데 엄마가 준 답신은 뜻밖에 씩씩하고 밝다. 자신은 걱정하지 말라고 하면서 오직 내 걱정뿐이다. 엄마의 사랑이 듬뿍 느껴진다.

"엄마 잘 살게요. 그리고 내 딸에게는 어느 것 하나를 포기하라고 강요하는 그런 현실을 물려주지 않을게요. 감사합니다. 사랑합니다."

정선 하늬바람

'인천여성노동자회' '부천여성노동자회'에서 10년간
일하다가 대학원에 진학하여 상담심리를 전공했다.
현재는 마음정원 심리치료연구소 소장으로 주로 직장여성 심리상담 일을 하고
있다. 마음을 나누고 성장하는 일에 보람을 느낀다. 차이가 차별로 되지 않고,
모두 존중받고 평등한 사회를 꿈꾼다.

Chapter

04

내 인생은
흐르는 시냇물과 같다.
졸졸졸 흐르기도 하고 바위에 부딪혀 물살이 갈라지기도 하고
그렇게 물줄기가 모여 큰 강으로 흐르는

행복이란
저녁때
쉬고 음악을 들으며 충전할 곳이 있다는 것
힘들 때
위로받을 사람이 있다는 것
외로울 때
전화해서 수다 떨 친구가 있다는 것

나에게 행복이란 한마디로 "이대로도 좋다" 또는 "이만하면 족하다"이다.

정선 하늬바람

,

인생에서 가장 아름다운 순간,
화양연화

나의 20대 – 1987년 6월 시청 앞

1987년 6월 시청 앞 광장, "호헌철폐, 독재타도"를 외치는 사람들의 물결은 끝도 없이 펼쳐져 서울 상공에 메아리쳤다. 그때 내 나이 스물두 살, 대학교 3학년. 항상 대학생들만 시위를 했는데 그날은 인도에 서서 구경만 하던 넥타이를 맨 시민들이 어느새 시위대에 합류해 목청껏 독재타도를 외치고 있었다. 그날의 감동이란!

나의 20대는 낭만이 없다.

대학교 입학식도 하기 전에 중학교, 대학교 선배의 권유로 시작한 나의 소위 운동권 서클 생활은 처음에는 설렘 반 기대 반으로 영문도 모른 채 시작되었다. 나는 강의실에서 전공 서적을 보는 대신 광주항쟁과 감춰진 우리 역사의 진실을 공부하는 데 더 관심이 갔다. 그래서 철학과 역사, 경제학 등 사회과학 서적을 들여다보았고 그 책에서 말하는 '정의'에 가슴이 뛰었다. 미니스커트를 입고 남자친구를 만나는 대신 화염병과 최루탄이 날리는 대학 교정에서 남자아이들과 스크럼을 짜고 시위를 했다. 전공 공부를 열심히 해서 좋은 직장과 남들이 인정하는 직업을 갖는 대신 이 땅의 민주주의를 위해 모든 것을 포기하는 것이 당연하게 느껴졌다.

시위에 참여할 때마다 동료나 선배가 경찰에 끌려가고 구속되는 것(심지어는 죽음까지도)을 보아야 했고 가난한 집에서 힘들게 대학을 보내줬더니 하라는 공부는 안 하고 경찰서에 들락거린다고(두 번 연행) 부모님의 원망을 들어야 했다. 항상 불안해서 경찰에 쫓기는 꿈에 시달리기도 했다. 그러면서도 내 자신의 안위보다는 더 나은 사회를 위해 희생하고자 자신을 채찍질해야 했던 나의 20대…….

그러나 나의 20대는 낭만이 있다.

비록 전공 공부는 소홀히 했지만 사회과학을 접하면서 진실과 정의를 알았고 철학과 역사, 경제학을 통해 진짜 학문이란 이것이구나 싶어서 전율했다. 삶의 지향점을 배웠다. 비록 예쁜 옷

그곳에 내가 있었다

을 입고 연애다운 연애를 해본 적은 없지만 화염병과 최루탄, 구속과 투쟁을 함께하면서 쌓은 진정한 동지애를 경험했다. 그리고 1987년 6월, 철옹성 같던 독재정권은 마침내 무너졌고 나는 그 역사의 한복판에 있었다.

나의 20대, 가장 고통스럽고 힘들었지만 그래서 가장 아름다웠던 순간인 화양연화는 바로 1987년 6월, 그 시청 앞 광장이었다.

나의 30대 – 두 딸의 엄마가 되다

나의 육아 기간은 길다. 서른 살에 결혼하여 서른세 살에 첫아이를 낳았고, 큰아이가 초등학교 2학년이 되어 육아를 끝낼 즈음인 마흔한 살에 둘째 딸을 낳았다. 지금 내 나이 쉰세 살, 이제 육아의 종착점이 보이는 것 같다. 큰아이가 대학교 2학년, 작은아이가 초등학교 6학년이다.

결혼하면서 여성문제에 눈뜬 나는 여성단체에서 일하기 시작했다. 둘째를 낳고 상담대학원에 들어가고 심리상담사가 되었다. 결혼하면서 집안일과 육아 속에서 나의 일을 하고 돈을 버는 것은 치열한 전쟁과도 같았다. 항상 시간에 쫓기고 여러 가지 역할, 아내로서 엄마로서 딸로서 며느리로서 돈을 벌어야 하는 직장인으로서 나는 수많은 역할 속에서 자신을 돌볼 틈도 없이 시간과 전쟁을 벌이면서 삶을 살아내야 했다.

그중에서도 가장 힘들었던 것은 둘째를 임신했을 때였다. 마흔한 살에 둘째를 임신한 나는 체력의 한계 속에서 노산의 고통을 경험해야 했고 태어나는 아이가 다운증후군 위험도가 높다는 의사의 말에 두려움과 공포를 느껴야 했다. 그렇게 힘들게 임신 시기를 거치고 2007년 10월 말 드디어 둘째 딸이 태어났다. 나는 수술실에서 눈을 뜨자마자 아이의 눈과 목부터 살펴보았다. 다행히 다운증후군이 아닌 건강한 딸이었다. 그날 나는 정말 신이 내 옆에 있다는 것을 느꼈다. 어찌나 감사했던지!

힘들고 때로 벗어나고 싶을 때도 많았지만 아이가 아플 때 나는 조건 없는 무한한 사랑을 경험했다. 그리고 아이들로부터 가장 순수하고 큰 사랑을 받았다. 무엇보다 가장 큰 경험은 바로 생명의 탄생과 그 신비다. 나는 엄마로 살아갈 때 고통스러웠지만 어쩌면 그래서 더욱 아름답고 고귀한 순간이라는 생각이 들었다. 나의 30대 화양연화는 바로 아이들이 태어나던 1999년 8월, 2007년 10월 출산의 순간이다.

나의 40대 – 내면의 고통을 마주하고 상담의 길로 들어서다

30대 후반부터 나는 서서히 지쳐갔다. 아무리 쉬어도 피곤했고 의욕을 잃어갔다. 그렇게 나는 번아웃이 되었다. 중학교 2학년 때 아버지가 병으로 쓰러진 이후 항상 강하게 나 자신을 채찍질해오며 나약함을 억압해왔던 나는 학생운동과 여성단체의 일, 결혼 이후에는 출산과 육아를 병행하면서 몸과 마음을 돌볼 사이도 없이 앞만 보며 달렸고 하루하루를 치열하게 버티기도 버거웠다.

서서히 지쳐갔던 나는 마흔한 살에 둘째를 낳고 여성단체를 그만두었다. 그리고 둘째를 키우면서 상담대학원에 다녔다. 상담대학원에 다니는 2년은 나에게 꿀맛 같은 시간이었다. 내 마음이 힘들 수밖에 없었던 이유를 이론적으로 배우고 나 자신을 돌아보고 통찰하고 치유하는 시간은 힘들게 달려왔던 나 자신에게 휴식이고 보상이었다. 그렇게 상담대학원에서 자신을 치유하기 위해 시작했던 상담 공부가 이제는 나의 인생 2막의 직업이 되었다.

나는 이제 직장여성을 심리상담하는 일을 하고 있다. 심리상담을 신청하고 상담실에 들어서는 여성들은 대체로 첫 회기에 자신의 힘든 고통을 이야기하며 눈물을 흘린다. 그들의 눈물을 보면서 나도 눈물이 흘러내린다. 그들의 눈물 속에서 나는 치열하게 자신을 채찍질하며 힘들게 삶을 버텨온 나의 고통을 보고, 그 눈물 속에서 그들과 깊은 유대감을 느낀다. 나의 40대, 내 마음의 고통을 들여다보며 시작한 상담자로의 길에서 가장 아름다운 순간, 화양연화는 바로 내담자가 흘리는 눈물을 보며 내가 같이 우는 바로 그 순간이다.

나는 지금 50대……. 삶은 현재진행형이다.

,

친정엄마의 붕어빵

1986년 겨울, 내 나이 스물한 살

대학교 2학년!

그해 겨울은 유난히 어두웠다. 새벽이 오기 직전이 가장 어둡다고 했던가! 무너지기 직전의 전두환 정권의 발악은 한층 심했다. 그해 겨울 나는 후배와 경찰의 불심검문에 걸려 유치장으로 넘겨졌다.

그때 가방에는 철학 에세이(지금은 대학의 교양서적이기도 한)와 스티커 몇 장이 있었는데, 그것이 경찰에 연행된 이유였다. 그러나 이 별것 아닌 사유로 경찰은 가택 조사까지 했고 별다른 혐의점이 없자 나는 그다음 날 불구속 입건으로 풀려났다.

불심검문으로 유치장에 갇혀 있던 날 저녁때쯤 엄마가 왔다. 엄마는 직장에서 퇴근하고 바로 와서인지 무척 피곤하고 남루한 행색이었다. 손에 든 붕어빵을 나에게 건네며 형사들에게 연신 죄송하다고 했다. "얘가 이런 애가 아닌데 부모를 잘못 만나 집안 형편이 어려워서 이런 것 같다"고 고개를 조아리며 말했다. 평소 호랑이같이 무섭기만 했던 엄마였기에 당연히 혼날 줄 알았던 나는 이런 모습을 보자 당황스러웠다. 그리고 한편으로는 미안하기도 하고 고맙기도 하고 엄마의 사랑이 느껴지기도 해서 복잡한 심정으로 목이 멘 채 붕어빵을 먹었다. 지금도 엄마의 붕어빵을 생각하면 눈물이 날 것 같다.

엄마는 경찰서에 연행되어 있는 나를 두고 왜 부모인 자신의 탓으로 돌렸을까?

엄마는 내가 어렸을 때 아들과 딸을 무척 차별했다. 늘 "네가 아들로 태어났더라면 자식을 넷씩이나 낳아서 이렇게 고생하지 않고 둘만 낳았을 것이다"라고 입버릇처럼 말했다. 딸 셋은 아들을 염원하던 끝에 낳았고 힘들게 얻은 넷째가 아들이었다. 그렇게 태어난 내 남동생은 우리 집에서 귀남이었다. 3녀 1남의 둘째 딸로 태어난 나는 어린 시절 관심을 많이 받고 자라지 못했다. 나는 공부를 잘

그곳에 내가 있었다

해야, 반장이나 부반장을 해야, 부모님의 인정과 관심을 받을 수 있었다. 그래서 나는 인정받기 위해 부단히 노력하며 성장했다.

내 나이 열다섯 살, 중학교 2학년 때 아버지가 병으로 쓰러졌고 5년 동안 누워 있었다. 그 이후에도 예전처럼 건강을 회복하지 못했다. (내가 대학을 들어가던 해에 5년 동안 누워 있던 아버지는 병석에서 일어나 조금씩 일했다.) 아버지가 쓰러지자 가뜩이나 집안 형편이 넉넉하지 못했던 우리 집은 생존을 위협받을 만큼 궁핍해졌다. 40대 초반이었던 엄마는 그때부터 우리 집을 경제적으로 책임지는 실질적인 가장이었고, 기둥이었다. 그리고 나에게 항상 엄마는 삶의 버팀목이었다.

아버지가 쓰러지자 엄마는 나에게 대학에 가지 말고 빨리 취직해서 집안 살림을 보태기를 원했다. 하지만 나는 기어코 고집을 부려 그나마 등록금이 저렴한 국립대학교에 합격했다. 그러자 엄마는 입학금을 대주고 대학에 보내주었다.

가난한 집안의 맏며느리로, 네 자녀의 엄마로, 남편이 병으로 쓰러지자 한 집안을 책임지는 가장으로 강하게 삶을 버텨온 엄마, 항상 여유가 없던 엄마는 나에게 호랑이처럼 무섭기도 했지만 한편으로는 의지할 수 있는 듬직한 존재였다. 그리고 아들만 편애하고 고등학교 시절 내내 나에게 대학에 가지 말라고 강요할 때는 섭섭하고 미운 감정을 불러일으키는 존재였다. 그런 엄마가 속으로 나에게 미안해하고 있었던 것이다! 엄마는 고등학교 3년 내내 대학에 가지 말라고 한 것에 대해, 부모로서 자신의 능력이 부족한 탓으로 자책했던 것이다. 그때 철없던 나는 엄마의 그 마음을 다 헤아리지 못하고 섭섭하고 미운 마음이 더 컸다.

나에게 엄마는 무지개 같은 여러 가지 감정을 불러일으키는 존재이다. 고맙기도 하고, 의지할 수 있는 듬직한 존재이기도 하고, 한편으로는 미안하기도 하고, 가끔씩 섭섭하고 밉기도 하고, 화나게도 하는 그런 존재이다. 그리고 내 나이 50대인 지금, 10년 전 뇌경색으로 쓰러진 후 마음대로 잘 움직이지도 못하는 80대 중반의 엄마를 보면서 한없이 애잔한 마음이 들기도 하는.

내가 결혼하고 여성단체에서 여성운동에 발을 들여놓는 그 첫 시작점에는 어린 시절 엄마에게 느낀 아들과 딸에 대한 편애로 인한 서운함이 있었다. 그러나 어린 시절 호랑이 같던 엄마에서 이제 몸도 마음대로 못 움직이는 80대의 엄마를 보면서 여성으로서 엄마의 삶과 여성으로서 나의 삶에 대해 동질감을 느낀다.

여성으로서 엄마의 삶에는 영광이 없다.

가난한 집안의 맏며느리로서, 네 자녀의 엄마로서, 병든 남편을 돌봐야 했던 아내로서, 그리고 남편이 병으로 쓰러지고 실질적인 집안의 가장으로 여성노동자의 삶을 살아온 엄마의 삶에는 영광이 없다. 10년 전 뇌경색으로 쓰러지기 전까지 한번도 아픈 모습을 본 적이 없는, 아니 아파도 누워서 쉴 수 있는 여유가 없었던 고단했던 엄마의 삶!

생명을 유지하기 위한 여성의 가사노동은 사회적 보수와 인정이 없다.

생명을 잉태하고 돌보는 여성의 육아에도 사회적 인정과 보수가 없다.

마치 공기와 같이 살기 위해서는 필수적인 요소지만 생명을 유지하고 잉태하고 돌보는 일은 여성이면 누구나 다 하기 때문에, 아니 여성이 하기 때문인지 사회적 가치가 인정되지 않는다. 하지만 여성이 생명을 유지하기 위한 가사노동을 하지 않으면, 출산과 양육을 하지 않으면, 인간은 더는 생명이 유지되고 존재할 수 없다.

실질적인 가장인 데다가 여성노동자였던 엄마의 보수는 가족을 부양하기에는 턱없이 부족한 금액(우리나라는 OECD 중 성별 임금격차가 아주 큰 국가로 2012년 통계에 의하면 여성은 남성 임금의 63퍼센트 수준)이었고 정당한 노동의 대가는 아니었다.

나는 이제 여성으로서의 내 친정엄마의 삶을 영광스럽게 기억하고자 한다. 며느리로서, 엄마로서, 아내로서, 그리고 여성노동자로서 실질적인 집안의 가장 역할을 했던 내 친정엄마의 삶에 경의를 표하고 영광을 돌려주고 싶다. 남성의 보조적인 존재로 당연히 해야 하는 역할과 의무로만 지워진, 제대로 된 가치를 인정받지 못하는 여성들의 삶에 영광을 돌려주고 싶다.

이제 내가 두 딸에게 내미는 붕어빵에는 내 친정엄마가 가졌던 자책은 없다. 결혼 이후 시작한 여성단체의 일과 여성들의 심리상담을 통해 나는 우리 사회가 아무리 같은 능력을 가져도 여성들에게는 넘어서기 힘든 구조적인 차별의 벽이 있음을 절감한다. 그리고 이러한 차별을 없애려면 여성이 같은 여성으로서의 삶에 공감하고 서로 유대하고 기억하고 제대로 된 가치를 찾는 것에서 출발하리라 믿는다. 그리고 내 두 딸을 비롯한 우리 딸들이 사는 세상은 여성이 조금 더 제대로 가치를 인정받고 차이가 차별로 숨통을 조이는 일이 줄고 자신의 능력을 꽃피울 수 있기를 바란다.

또한 나보다도 더 치열하게 앞장서서 고통을 당하는 여성들에게 손을 내밀고 투쟁했던 여성운동가들의 삶이 같은 여성들에게 기억되기를 바란다.

김정임 수평선

1987년 마산 TC전자 노동조합 활동을 시작했다.
마산창원여성노동자회, 안산여성노동자회, 전국여성
노동조합경기지부를 거쳐 전국여성노동조합서울지부에서 활동 중이다. 남녀
임금 격차가 줄고 비정규직이 없는 평등한 세상에서 평화롭게 살기를 바란다.

Chapter

05

내 인생은
수평선과 같다
하늘과 바다 선 하나에 맞닿아 있는 수평선

행복이란
힘든 하루 일정을 마치고
저녁때 샤워를 하고 편안하게 누울 수 있는 것
힘들 때 힘들다고 누구에게 얘기하고 지지와 위로를 받는 것
외로울 때 누군가 나를 위해 기도한다는 생각이 드는 것

나에게 행복이란 한마디로 초록 자연, 푸른 바다, 파란 하늘,
뒹굴뒹굴하는 평화로움이다.

김정임 수평선

온몸에 쑥물들었던
1987년 노조결성

그때 그런 일이 있었다. 1987년 노조결성.

나는 아욱실리움 기숙사에 살았다. 수녀님은 매일 기상을 알리는 종을 치며 복도를 지나갔고, 6시가 되면 미사를 드렸다. 유영봉 신부님은 시국 관련한 강론을 많이 했다. 저녁에는 기숙사 도서관에서 친구들과 책을 보기도 하고 늦게까지 수다를 떨며 놀기도 했다.

나는 친구 성란이와 붙어 다니며 놀기도 했다. 그때 성란이의 쪽지 편지 그림에는 아침에 일어나 활짝 웃는 모습으로 출근해서 차츰 찡그렸다가 퇴근 시간쯤 힘들어 울다가 퇴근하고 나서 다시 웃는 우리들의 일상을 그려주었다. 1987년 7월 8월 수출자유지역은 우후죽순으로 노조가 만들어졌다. 하룻밤 자고 나면 노조가 만들어졌고 또 하루 자고 나면 이웃 회사에서 노조가 만들어졌다.

그 무렵 나는 마산가톨릭여성회관에서 운영하는 여성교실에 다녔다. 이때 이경숙 선생님을 만났다. 여성교실은 여성의 의식과 성차별에 대한(여성교실에서 나눈 남성가부장적인 상황과 노동문제에 대한) 이야기들을 주로 했던 것 같다. 우리 사업장은 납땜 연기 자욱했고 밤 12시까지 새마을 잔업을 해야 했다. 일요일 특근도 밥 먹듯이 했다. 하루는 납기일을 맞춰야 한다며 토요일에 정상근무를 하고 철야했다. 다음 날 집으로 가는 길은 내 다리가 내 다리가 아닌 듯 구름 위를 걷는 것 같았다.

8월의 어느 날, 점심시간쯤 과장이 나를 불렀다. 내가 왜 그러냐고 했더니 과장은 나에게 "현장 분위기가 어수선하니 단도리를 잘하라"고 했다. 그리고 점심시간 이후 어디선가 나에게 명령을 하라고 했지만 나는 왜 내가 해야 하나 잘 납득하지 못하고 있었다. 그런데 현장에서 자꾸 웅성거리는 소리가 들렸고 일이 제대로 되지 않았다. 과장은 보다 못해 조회대 앞으로 모이라고 했다. 1과 조회대 앞에 300여 명의 여공들이 모였다. 여기저기서 웅성거리니까 과장이 마이크를 내게 내밀었다. 조용히 일하게 하라고 지시했다. 이미 기

그곳에 내가 있었다

사 50여 명이 문을 막고 있었다. 얼떨결에 나는 마이크를 잡았고 떨리는 소리로 말했다.

"여러분, 어떻게 할까요? 밖으로 나갈까요? 아니면 앉아서 일을 할까요?"

그랬더니 모두 "나가자!" "나가자!" "밖으로 나가자!" 하고 입을 모았고 순식간에 물밀듯이 전원이 밖으로 몰려 나갔다.

생산1과에서 나온 우리들은 생산2과 앞으로 가서 "2과 나와라" 합창했고 2과에서 일하던 동료들이 모두 몰려나왔다. 또다시 3과 4과로 몰려갔고 3과 4과 동료들도 몰려나왔다.

수출자유지역 대로에는 TC전자 여성노동자들이 가득했다. 어디서 누가 구해왔는지 모르지만 마이크가 있었고 나에게 마이크를 잡으라고 했다. 우리들은 장시간 노동에 대해서, 작업 환경에 대해서, 이야기했고 "근로시간을 줄여라" "임금을 올려라" 등 구호를 외치고 노래도 불렀다. 시간은 점점 흘러 퇴근시간이 가까워졌다. 그날은 목요일이었는데 회사는 무기한 휴업을 공고했다. '이 많은 인원을 어떻게 하지? 노조도 만들지 않았는데' 걱정이 되었다. 일단 노동조합을 만들어야 했다. 그래야 회사와 교섭을 할 수 있다는 이야기를 여성교실에서 들었던 것 같다.

각 라인의 분임장들을 아욱실리움 기숙사 강당에 모이라고 했다. 나머지는 모두 집으로 돌아가게 했다.

우리들은 저녁내 토론했고 일단 60여 명의 분임장들이 노동조합을 결성했다. 위원장 김정임, 부위원장, 사무국장, 회계감사, 그렇게 임원을 구성하고, 노조설립신고서를 만들고, 밤을 꼬박 새우고, 아침 일찍 마산시청에 노조설립신고서를 접수했다. 그런데 회사는 간부와 분임장들 집을 찾아다니며 회유 협박을 하고 나섰다.

금, 토, 일 노조 부위원장과 간부들을 찾아 나섰지만 대부분 연락이 되지 않았고 몇 사람이 가톨릭여성회관에 모였다. 우리들은 월요일에 조합원들에게 노조설립에 대해 알리기 위한 홍보물을 밤새워 만들었다.

월요일 아침, 홍보물을 몸에 숨기고 탈의실로 향했다. 각자 1과부터 4과까지 탈의실에서 노조설립에 대해 홍보물을 나눠주려고 했다. 그런데 남자사원들이 팔다리를 납치하듯이 끌고 4층 총무과 회의실로 데리고 갔다. 그리고 하루 종일 의식화 교육을 했다. 수출자유지역관리소 소장 과장 부장 총무과 과장 등 높은 사람은 다 모여 있었던 것 같다. 마르크스, 빨갱이 등 알지도 못하는 많은 이야기를 했고 다음 날로 우리는 대구에 있는 새마을연수원에 2주간 보내졌다. 김정임 이연실 최미혜 이렇게 3명은 대구 새마을 연수원에, 또 다른 몇 명은 다른 연수원에 보내졌다. 그 대구새마을연수

그곳에 내가 있었다

원은 노동조합 활동을 하는 사람들이 교육을 받으러 왔다. 울산 현대 남성노동자들이 대부분이었다. 여성노동자는 5명뿐이었다. 그곳에서는 육체훈련 정신훈련 등을 교육했다. 돌밭을 맨발로 걷게 했고 밤중에 화장터에서 밥을 먹게 하고 산길을 플래시 불빛에 의지해 길을 찾아가게 했다. 머리만 한 큰 돌을 들고 걸어가게 하기도 했다. 육체적으로 매우 힘든 훈련을 했고 삼청교육대 비슷한 훈련이었다.

2주간 새마을교육을 받고 회사로 복귀했다. 그런데 우리들을 현장으로 보내지 않았다. 몇 명은 해고를 당했다고 했다. 1과 3라인이 내 일자리였지만, 나는 설비과 측정기실로 보내졌다. 이연실과 최미혜는 기술과로 보내졌다. 그날부터 우리들은 현장의 동료들을 만날 수 없었고 매일 미행과 감시 속에서 나날을 보내야 했다. 회사는 노조 창립에 참여한 60여 명을 모아놓고 강제 해산을 하게 했다.

회사는 남자사원들과 노사협의회를 통해 임금 인상을 했다. 우리들의 의견을 무시한 채 많은 노동자들의 분노를 잠재우기 위해 약간의 임금 인상을 했다. 너무 억울했지만 회사의 공세에 속수무책으로 당할 수밖에 없는 상황이었다. 뭐가 뭔지 잘 모르는, 사회생활 2~3년밖에 하지 않은 내게 너무나도 큰일들이 지나가고 있었다. 내가 아는 것은 일하는 여성노동자들이 너무 장시간 노동을 했고 노동 현장은 납 연기로 자욱했으며 저임금이었다는 것이었다. 그래서 임금 인상과 근로시간을 줄여줄 것과 송풍기 설치를 요구했다. 그런데 우리를 빨갱이로 몰고 노조는 절대로 안 된다고 했다.

측정기실에서 나는 김 양이 되었다. 과장과 대리는 나에게 "김 양아~ 김 양아~"라고 부르며 커피, 담배 심부름을 시켰다. 청소를 했고 계측기를 닦고 출고와 입고를 했다.

어느 날, 미국의 스티븐 존 로치 회장이 회사를 방문했다. 회사는 내가 마치 위험한 인물인 양 화장실에서 나오지 못하게 했다. 나는 엄청난 굴욕감을 느꼈다.

회사는 거의 매일 출퇴근 시간에 나를 미행했다. 아욱실리움 기숙사는 밤 10시가 되면 문을 닫는다. 어느 봄날 밤 10시쯤 기숙사 정문 앞에 과장, 부장, 총무과장 등 회사관리자들이 진을 치고 있었다. 내가 들어가자 "김 양아~" 하며 나를 잡았다. 그리고 회사에 데리고 가려고 했다. 그때 안나 마리아 원장 수녀님께서 글라라는 내가 믿는 아이다. 나쁜 아이가 아니다. 내일 회사에 가서 일을 처리하라. 오늘은 보내줄 수 없다고 해서 밤에 잡혀가지 않았다. 다음 날 회사에 갔더니 "어디에서 누구와 만났냐? 어서 말하라. 말하지 않으면 가만두지 않겠다" 등의 말로 협박했다. 그러나 나는 "왜 친구와 자유롭게 만나지 못하게 하나? 내 자유로 친구를 만났고 누구와 만났는지 나는 이야기힐 수 없다"고 했다. 한마디도 하지 않았고 회사는 아무것도 캐내지 못했기에 나를 풀어주었다.

그때 나는 이웃 웨스트전기 노동자들과 다시 공부를 시작했다. 왜 노조를 만들어야 하는지 어떻게 노조를 만드는지 한번 실패했기 때문에 철저히 준비해야 했다. 그때는 30명 이상이 모여야 노조를 만들 수 있었다. 그리고 1988년 5월 31일, 중국집에서 다시 30여 명이 넘게 모여서 TC전자 노동조합을 결성했다.

노조를 결성하고 보고대회를 하려고 식당에서 조합원들이 모였다. 그러나 회사는 조직적으로 남자사원들을 조직하여 방해했다. 그날부터 바로 회사는 노조 간부들을 현장에 들어가지 못하게 막았다. 보고대회를 못해서 한국노총 연맹간부들과 회사 사장을 만나러 갔다. 회사는 남자사원들로 (헬멧과 예비군복장 빨간 장갑 군화를 신고 쇠파이프 각목을 들고) 구사대를 조직하여 여성노조 간부들을 끌고 4층 강당에 몰아넣고는 집단 구타를 자행했다. "자궁을 수박처럼 쫙 쪼개버리겠다" "시집도 못 가게 하겠다"는 등 험악한 폭언과 폭행을 했다.

며칠에 걸쳐 간부들을 잡아가 구타했다. 복지부장은 복부 구타를 당해 맹장 수술한 자리가 터졌고, 다른 간부 한 명은 머리를 집중 구타당해서 정신과 치료를 받기도 했다. 노조위원장을 비롯한 간부들은 온몸에 피멍이 들었고 진단 3주 이상의 상해를 입었다. 온종일 폭력사태가 발생했고 마산·창원지역의 수많은 노동자가 수출자유지역 후문 앞에 집결하여 항의하는 소동이 벌어졌다. 다음 날 경남대학교에서 노동자대회가 열렸고 노조 간부들은 폭력사태에 대해 고발했다. 마산노동부 소장을 찾아가 항의하는 등 부당노동행위에 대해 문제를 제기했고 마침내 회사는 노동조합 결성을 인정했다. 그날은 여성노동자들의 승리였다. 우리들은 너무 기뻐서 모든 조합원들과 지역의 노동자들이 수출자유지역을 행진하며 노조결성승리 보고대회를 가졌다. 여성노동자들의 피맺힌 투쟁으로 이룬 노조결성이었다.

폭력을 사주한 회사 사장은 구속되지 않았고 폭력에 가담한 몇몇 남자사원들만 구속되었다. 그 가족들이 찾아와 잘못을 빌었고 같은 노동자라는 생각에 고소 취하를 해주었다.

이후 회사는 노조를 인정하며 탈의실 근처에 노조 사무실을 내주기도 했다. 그런데 그것도 잠시 어느 날 남자사원이 와서 행패를 부리고 노조 사무실 집기를 모두 뒤엎어버렸으며 노조 간부들을 창고에 가두고 페인트를 퍼부어 범벅이 되게 하였다. 동일방직 똥

물사건을 방불케 했다. 공교롭게도 결혼을 앞둔 언니가 랜드로바 신발과 뱅뱅 청바지를 사줘서 처음으로 입고 간 날이었다. 우리들은 부둥켜안고 울었다. 많이도 울고 많이도 맞아 온몸이 쑥물들었던, 참 힘든 나날이었다.

이후 TC전자 회사는 노동조합을 인정하지 않고, 자본 철수를 감행했다. 여성노동자들은 1년 가까이 위장 폐업 철회 투쟁을 했고, 그 과정에서 18명이 구속되었다.

지금도 TC전자 여성노동자들은 후속 모임을 진행하고 있다. 서로의 생활담을 나누며 마산창원여성노동자회와 고 이경숙 추모 사업을 후원하는 중이다.

，

일상을 비켜간 여유 뒤에
그림 같은 하늘과 바다

2019년 4월 24일, 13년 만에 가족여행으로 말레이시아 코타키나발루에 갔다.

저녁 비행기를 탈 예정이라 나는 밀린 빨래며 청소, 설거지 등 집안일을 하고 여행 가방을 챙겼다. 3시쯤 출근했던 가족들이 모여 자동차로 출발했다. 공항에 도착해서 짐을 부치고 면세점에서 주문한 물건들을 찾았다. 두 딸은 처음 외국여행 갔을 때 찍었던 사진을 꺼내 보고 똑같은 장소를 찾아 사진을 찍으며 즐거워했다. 초등학생, 중학생이던 딸들이 이제는 여행 가이드를 할 만큼 훌쩍 컸다.

그곳에 내가 있었다

4월 25일, 아침에 일어나 호텔 조식을 맛있게 먹고 남편과 작은 딸은 제셀톤 포인터에 반딧불 부어를 예약하러 갔다. 큰딸과 나는 이마고몰에 쇼핑을 갔다. 낯선 거리를 걸어왔더니 더워서 먼저 망고주스로 목을 축이고 신발가게에 들렀다. 조리만 파는 가게였다. 여자, 남자, 아이들 신발을 따로 분류하고 5호 6호 7호로 구분해놓았다. 우리나라 230~240센티미터를 호수로 분류한 것인데 어떤 게 맞는지 알 수 없어서 다 신어 보아야 했다.

딸이 찾는 굽에 편편한 조리가 없어서 사지 못하고 가방, 옷 가게를 둘러보았다. 한국의 쇼핑몰과 별반 다른 게 없어 보였다. 가격도 한국과 비슷한 것 같아서 물건 사는 것을 포기했다. 옷가게 옆에 약재를 넣어서 삶은 검은 계란을 팔기에 맛이 궁금해서 사왔다.

돌아오는 길은 더워서 딸과 택시를 타기로 했다. 그랩이라는 핸드폰앱 예약을 하면 5링깃이었다. 우리는 기사들이 있는 곳으로 나가서 호텔까지 얼마냐고 물었더니 15링깃이라고 했다. 비싸다고 했더니 10링깃를 불렀다. 5링깃에 가자고 했더니 "사요나라"란다. 흥정에 실패하고 우리는 걸어서 호텔로 돌아왔다.

무더운 날씨였지만 돌아오는 길, 버스정류장에 사람들이 줄 서 있는 모습도 보고 바닷가 옆 넓은 초록의 잔디밭이며 우리나라와 신호등 체계가 다른 것도 체험하는 등 동네 구경하는 게 좋았다.

가족들이 다시 모여서 블루모스크 이슬람 신전에 갔다. 우리들은 각자 마음에 드는 색깔의 히잡을 입고 사진도 찍었다. 그랩을 타고 다니니 편리했다. 해 질 때쯤 탄중아루 해변에 나갔다. 모래가 밀가루처럼 부드럽고 석양은 구름에 가려 있었지만 전체적인 빛깔은 운치 있었다. 넓은 바다, 끝없이 펼쳐진 모래밭, 잔잔한 물결, 멀리 하늘 가득 구름들이 태양을 가렸다. 구름 사이로 삐져나온 붉은빛들은 은은하게 퍼지면서 멋진 분위기를 느끼게 했다. 딸들은 물 만난 고기마냥 사진 찍기를 시작했다.

4월 26일 아침에 일어나자 나와 작은딸은 배탈이 났다. 화장실을 들락거리고 배가 아파서 침대에서 뒹굴었다. 집에서 가져온 진통제와 현지의 약국에서 사온 지사제를 먹었다. 호텔 식당에 맛있는 과일이며 빵, 온갖 음식이 있었지만 하얀 쌀죽 외에는 아무것도 먹을 수 없었다. 큰딸과 남편은 호텔 수영장에서 호캉스를 즐기고 섬 투어와 반딧불 투어 예약 스케줄을 변경했다. 오후 2시에 반딧불 투어를 가는 것으로 일정이 바뀌어서 호텔에서 쉬기로 했다.

점심은 룸서비스를 시켰다. 생선과 감자튀김 수프가 나왔으나 아무것도 먹을 수 없었다. 오후에는 예약한 차로 멈바꿋 반딧불 투어에 나섰다. 작은 봉고차 안은 에어컨 바람 때문에 추웠고 차창 밖으로 폭우가 쏟아졌다. 1시간 30분을 달려서 도착한 곳은 멈바

그곳에 내가 있었다

곳이라는 강가였다. 반딧불 투어에 모인 사람은 대략 20여 명. 우리들은 가이드의 설명을 듣고 맹그로브 숲이 있는 강을 끼고 내려와 바닷가 모래밭에 내렸다. 일몰을 배경으로 사진을 찍었다. 어둠이 내려왔을 때 다시 뗏목을 타고 근처 식당으로 갔다. 식당은 둥근 탁자만 있고 뷔페식이었으나 불빛들을 따라 온갖 잡다한 벌레들이 음식에 날아왔다. 아무도 음식을 먹지 못했다.

어둠이 짙게 깔리고 우리들은 반딧불을 보기 위해 뗏목을 타고 강을 거슬러 올라갔다. 맹그로브 숲속에 반딧불들이 있었다. 그런데 이슬비가 내렸다. 가이드들이 뱃머리에서 손바닥에 반딧불 같은 불빛으로 반딧불을 유인했다. 반딧불들이 하나둘 날아오기 시작했다. 머리에도 손에도 옷에도 반딧불들이 붙었다.

온몸으로 빛을 내는 반딧불들이 가여워졌다. 살짝 비가 왔지만 우리들을 위해 나온 반딧불들이었다. 아이들과 배에 탄 사람들은 반딧불을 잡아 보고 좋아했다. 작은딸은 엄청 신기하다고 했다. 나는 기운이 없어서 빨리 끝나기를 기다렸다.

4월 27일 멍알룸 섬 투어에 나섰다. 보트를 타고 갔다. 거친 파도를 퉁퉁거리며 올라갔다가 내려갔다. 파도를 타고 섬을 향해 1시간가량 달렸다. 남태평양 한가운데, 하늘과 바다만 보이는 그 위를 한참 달려 나갔다. 옛날에 본 〈죠스〉 영화가 떠오르며 겁이 났다.

그것도 잠시 바다 한가운데 마파도 같은 평평한 섬이 하나 보였다. 그 섬에는 제법 큰 나무도 많이 있었다. 사람들을 따라가니 식탁을 하나씩 배정해주었다. 식탁 위에 짐을 올려놓고 우리들은 스킨스쿠버를 하기 위해 배를 다시 타고 10분 정도 바다로 나갔다. 배에서 바다로 뛰어든 우리들은 물놀이를 했다. 바닷속은 예쁜 물고기들, 커다란 해삼, 상황버섯같이 생긴 산호가 즐비했다. 맑고 깨끗한 바닷속을 들여다보며 시간 가는 줄 몰랐다.

처음 바다에 들어갔을 때는 겁이 났다. 밧줄을 잡고 있었다. 튜브를 던져주어 그것을 잡고 잠깐씩 바닷속을 구경했다. 그런데 두 번째 바다에 들어갔을 때는 혼자 몸을 가누며 잠깐 누워 휴식을 취하며 자유롭게 구경하고 사진도 찍었다. 바닷물과 자연스럽게 친해질 때쯤 시간이 다 되었다고 했다. 짧아서 아쉬웠다.

햇볕은 뜨거웠지만 에메랄드 빛깔의 해변은 그림 같았다. 점심을 먹고 나무그늘에 쳐놓은 해먹에 누웠다. 잠시 쉬었다가 우리들은 보트에 몸을 실었다. 돌아오는 보트를 탔을 때는 파도가 높지 않았다. 멀리 수평선 위로 하얀 구름들이 몽환적인 분위기를 연상케 했다. 바다와 닿아 있는 가는 선 하나, 그 위로 하얀 벽을 만들고 솜사탕 눈꽃 송이 한가득 신비로운 구름들……. 구름에 취해 멍한 눈을 한 채 시간 가는 줄 몰랐는데 벌써 육지다.

그곳에 내가 있었다

오후에는 날씨가 좋았다. 그래서 멋진 썬셋을 기대하며 샹그리아 리조트 비치바 전망 좋은 곳에 일찌감치 자리를 잡았다. 햇볕이 제법 많아 기둥 옆 그늘이 살짝 드리운 곳을 택했다. 바다 앞에는 섬 두 개가 있고 섬 사이로 해가 진다고 웨이터가 알려주었다. 음료수를 시켜서 먹고 하늘과 바다를 바라보며 앉아 있었다. 주위에 한 팀 두 팀 사람들이 제법 많아졌다. 하늘의 구름들이 몰려오고 이윽고 해 질 녘이 되니 비가 왔다.

오늘도 태양은 구름에 가려져 비가 오락가락했다. 그래도 사진은 근사하게 나왔다. 검은 구름이 태양을 뒤덮고 마지막 한 줌 붉은빛을 조각나게 보여주었다. 그래도 아름다운 자연이다. 서울교육청 앞 피켓팅, 집회, 기자회견, 단체교섭, 조합원 모임, 교육 등 바쁜 일상들을 뒤로 하고 가족여행에 동참했다. 딸들은 여행가는 날도 출근했고 여행에서 돌아오는 날도 출근했다.

'여성'이라는 이름으로 살아가기 녹록치 않은 바쁘고 고단한 일상으로 돌아왔다. 돌아와 서울교육청 앞에서 학교비정규직 차별 철폐, 최저임금 인상을 외치고 총파업 투쟁을 준비한다. 여성 노동자들은 여전히 저임금을 받고 시간제로 열악한 노동환경에서 일하고 있다. "허리가 부러져라 일하고, 화상을 입어가며 일해도 정규직 임금의 50~60퍼센트밖에 안 되고. 몸이 아프면 서럽다"는 조합원의 목소리가 귓가에 쟁쟁하다.

　기자회견장에서 농성장으로, 조합원 교육에서 단체교섭, 집회로 바쁘게 다니면서 문득 지칠 때마다 이때의 여행을 기억해야지. 그리고 가슴 가득 이 기분을 품고 하루하루 살아가기를…….

이원아 보라

연말마다 다음 해 이 판에 계속 있을까 말까를

고민하고 올해는 "하자!" 하기를 이십여 번. 일하는

여성아카데미 창립부터 현재까지의 여정을 내 인생에 꽃피는 시절로 여긴다.

모든 존재가 건강하고 행복하고 평화롭기를 기원하는 마음으로 산다.

Chapter

06

내 인생은
질경이와 같다
살아내고 또다시 살아내며
꽃피우는

행복이란
가만히 있어도
충만한 것

안 먹어도
배부른 것

함께하면
더 좋은 것

나에게 행복이란 한마디로 충만함이다.

이원아 보라

,

그곳에서 나는
심장이 뛴다

내 가슴에 불이 붙다

1987년 10월 21일, 종로 5가 파출소가 불에 탔다. 파출소 내부는
시커멓게 그을리고 바닥에는 물이 철벅거렸다. 대학생들은 파출소
바닥에 나뒹군 채 경찰들과 백골단들의 발길질을 당했다.

나도 그중에 하나였다. "독재 타도 호헌 철폐"를 외치던 6월의
광장과는 다른 시위였다. 화염병으로 파출소를 습격한 폭력 시위
였다. 나는 그런 시위인지도 모른 채 6월의 신명나는 거리 시위만
생각하고 나섰다.

그 시위는 내가 운동권이 되게 한 전환점이었다.

엄마가 사준 흰색 단화가 조금 컸지만 마음에 들었다. 새 신발을 신고 학교에 갔는데 선배가 은밀히 부르더니 오늘 가투(가두 투쟁의 준말)가 있단다. 게다가 폭투란다. 심장이 뛴다. 화염병은 아무래도 친해지지 않는다. 멀찌감치 있어야지 하고 길을 나서서 "파쇼 하에 개헌 반대! 혁명으로 제헌 의회!"를 외친다. 최루탄과 지랄탄이 콩 볶듯이 터진다. 이 역시 아무리 들어도 익숙해지지 않는다.

도망가다가 새 신발이 벗겨졌다. 1등으로 도망쳤는데 신발 고쳐 신느라 지체하는 새 뒤처진다. 이럴 때는 건물 안으로 들어가는 게 상책이다.

어느 주차장으로 들어왔는데 스님과 몇몇 여성들도 보인다. 에휴~, 하고 안심하는데 백골단 여럿이 와락 들어와서 나를 보더니 한 사람이 "쟤 붙잡아!" 한다. 스님 가사에라도 숨고 싶을 정도로 두렵지만 그 누구도 개처럼 끌려가는 나를 위해 한마디도 하지 않았다. 스님도 원망스러웠다.

그러고서 시커멓게 그을리고 물이 첨벙대는 파출소 바닥에 내팽겨져 짓밟혔다. 한참 밟히다가 안경이 부러졌다. 여름방학 때 햄버거가게에서 아르바이트를 해서 모은 돈으로 산 뿌듯한 내 첫 노동의 산물이었는데 깨졌다.

맞다가 벌떡 일어나서 그중 한 경찰에게 항의했다. 내가 아르바

그곳에 내가 있었다

이트해서 산 안경을 깨뜨렸으니 물어내라고 했더니 따귀를 올려붙였다. 아! 안경을 잃은 것도 화기 치미는데 따귀까지! 당신이 뭔데 때리느냐고 대드니 밀쳐 넘어뜨린다. 그 찰나에 옆에 있던 30대 아저씨가 나를 끌어당긴다. 가만히 있으라고 귀에 대고 속삭인다. 그러다가 더 맞는다고. 정말 그럴 것 같아서 그 아저씨 옆에 앉았다.

경찰들이 잡혀온 사람들을 하나둘씩 호구조사를 한다. 그중에 대학생만 간추리니 5명이다. 그 30대 아저씨를 포함한 나머지는 노동자이거나 적어도 학생은 아니었다. 여자 대학생은 나 하나였다, 그것도 1학년.

4대 일간지에는 '6.29 이후 대학생에 의한 파출소 습격은 처음 있는 일'이라며 폭력 시위에 대한 매서운 비난과 함께 OOO대학교 학생이라는 이유만으로 내 이름 옆에 '주동'이라는 딱지가 붙어서 다음 날 기사에 나왔다.

시위를 마치고 학교로 되돌아간 친구들은 돌아오지 않는 나를 기다리다가 검거된 걸 확인하고 부모님에게 전화를 해주었다. 집에 있는 책들을 다 치워놓으라고. 그 책들은 아직도 친정집 아궁이 깊숙이 봉인되어 있다. 아마도 지금은 다 삭았겠지.

광주는 여전히 현재진행형

유치장에는 나이든 40대 여성, 10대 학생 둘 그리고 나까지 네 명이었던 걸로 기억한다. 10대 고등학생들과 나는 만 나이로 동갑이었다. 걔네는 왜 들어왔지? 기억도 안 난다. 유치장 벽면에 적힌 이름, 나이, 죄명을 보기는 했는데 내 죄명만 기억난다. 방화와 집시법 위반이었다. 기막혀라. 화염병을 들어보지도 못한 내가 방화범이라니. 화염병 제조조차 안 했던 풋풋한 시절인데.

구치소로 넘겨질 때까지 밤 10시나 11시경이 되면 취조를 받았다. 윗선이 누군지, 수많은 사진을 보여주며 그중에 아는 사람이 있는지, 함께 나간 친구들의 이름을 대라고 밤마다 협박과 회유였다. 누구라도 이야기해야 이 지긋지긋한 조사가 끝날 것 같았다. 그래서 나는 "1학년이라 모른다, 학과 선배라고 ○○○이라는 사람이 가보자고 하기에 따라 나온 거다"라고 했다. 형사는 ○○○이라는 학생을 찾아보니 없단다. 당연하지. 실명이 아니고 가명이니. 어떻게 생겼냐기에 내가 아는 사람들의 눈, 코, 입과 체격 조건을 골고루 합해서 말했다. 더 이상 윗선 찾아내기를 포기하고 시위 현장에 있었다는 것만으로 구속되었다. 파출소가 불에 탄 것에 대한 응징 차원이었던 것 같다. 그리고 서대문 구치소로 넘겨졌다.

서대문 구치소에서 수감자 복장으로 바꿔 입으니 영락없는 죄인이다. 이름이 없어지고 번호로 불렸다. 항문에 무언가 숨겨 들어갈까봐 검사한다는 명목으로 팬티를 벗은 채 쪼그려 앉았다 일어났다가를 반복하게 했다. 기분이 더러웠다. 이러한 행위가 반인권적이라는 건 그로부터 한참 지나서야 세상에 알려졌지만, 그때 나는 수치스러워서 말하기도 싫었다.

역사책에나 나올 법한 독방은 재래식 화장실을 끼고 지독한 냄새를 풍기고 있었고 찢어진 비닐 창문으로 들어오는 밤바람은 차가웠다. 10월이었는데 왜 그렇게 추웠을까? 마음이 서늘해서였을까? 출소하고 나중에 알고 보니 구치소가 서대문 안산 아래에 위치한 탓에 차가운 산 공기가 들어왔기 때문이었다. 그리고 들어오기 전에 이 방을 사용했던 여성 수감자가 변기에 빠졌다가 사용했다는 이불은 빨았을까? 빨지 않았을까? 똥색이 안 보이는 걸 보면 빨긴 한 것 같은데 냄새는 빨아도 쉽게 사라지지 않는가 보다. 똥냄새 나는 독방에 익숙해질 무렵 앞방에 사는 언니에게서 냄새에 담긴 사연을 전해 듣고 이불을 바꿔달라고 한 것 같기도 하고 사제품을 쓴 것 같기도 하고 기억이 어슴푸레하다.

며칠 밤인가를 밤마다 끅끅거리며 울었다. 낯선 공간, 낯선 사람들, 낯선 경험 모두 두려웠다. 옆방에 사람의 기척이 없었는데 어느 날 벽을 톡톡톡 치는 소리와 함께 "울지 마세요. 어느 학교 몇 학년이에요?" 하는 목소리가 들렸다. 통성명하고 보니 학교 선배였다. 학교에서는 만날 수 없는 이미 졸업했을 학번의 선배. 징벌방에 갔다가 풀려나서 왔다고 했다. 말로만 듣던 숱한 고문을 몸으로 겪은 그 선배의 이야기는 내 경험은 아무것도 아닌 가벼운 것으로 만드는 동시에 이 세상의 이면에 차츰 눈뜨게 했다. 1980년 광주에서 벌어진 국가 폭력은 지나간 역사가 아니라 모습을 바꾼 채 현재 진행 중이라는 것을.

적응 그리고 전환

나는 차츰 적응해갔다. 앞방의 청각장애인인 언니는 타월을 주면 실을 한 올 한 올 뽑아서 그 실로 가방을 만들어주었다. 플라스틱 머리빗의 살 하나를 떼내어 갈아 만든 바늘로 레이스도 뜨고, 다른 색깔 타월에서 빼낸 색색의 실로 앙증맞은 꽃도 수놓아주었다. 30년이 지난 지금은 좀벌레가 먹어서 군데군데 구멍이 크게 났지만 지금도 속옷 서랍 구석에 있다.

　그뿐인가! 플라스틱 머리빗의 살 하나하나로 만든 머리핀도 이

쁘고 실용적이었다. 그 핀으로 머리카락을 정리하고 검찰 조사를 받으러 갔다. 물론 엄마는 포승줄에 묶인 나도, 내 머리에 그 요상한 핀도, 볼이 터질 듯한 고무신도 다 속상해했다. 그 솜씨가 좋은 청각장애인 언니는 말할 수 없는 중복 장애를 가지고 있었다. 생리 때만 되면 도둑질을 해서 이미 전과 7범이었고, 이번에 구속된 것은 몇 천 원에 손을 대서였다. 그 언니와 한 방에 또 다른 여성이 있었는데 임신 중이었다. 출산의 기미가 보이자 구치소 측은 그녀에게 누워 있으라고 한 것이 전부였다. 그때 서울 구치소가 새롭게 문을 열고 그곳으로 서대문 구치소 수감자들을 전원 이송시킬 계획 중이라 아이를 낳으면 여러모로 골치가 아팠던 건지 아니면 아직 나을 때가 아니어서 그랬는지 모르겠다. 서울 구치소로 이사 가고 난 후 볼 수 없었다.

역사적인 날, 서대문 구치소가 구치소로서의 기능을 다하고 역사의 현장으로 변모하기 위해 그곳에 깃들어 살던 수감자들은 서울 구치소로 이송되었다. 한 사람 한 사람에게 아주 큰 포대 자루 하나씩을 나누어주었다. 내가 들어온 지 한 달쯤 지났던가? 짐이 별로 없는 나는 자루가 작고 가벼웠지만 어떤 사람들의 자루는 그 사람 몸집보다 컸다. 각자의 짐을 들고 대형버스에 나누어 타고 서대문 구치소를 나온 버스는 경기도 의왕 시에 있는 서울구치소로 향했다. 내가 앉은 좌석의 유리면에 붙은 비닐이 조금 벗겨져 있어서 그곳으로 따스한 햇살과 함께 시내 풍경이 보인다. 이곳에 들어오기 전 가을이 한창이었는데 어느새 거리의 사람들은 두꺼운 옷으로 갈아입었고 나무도 노랗고 붉었던 잎새를 떨구었다.

저 사람들은 알까. 자신에게 아무것도 아닐 수 있는 일상을 아주 부러워하며 어디선가 뚫어지게 바라보는 사람이 있다는 것을. 빠삐용처럼 죄수복을 입고 자루를 든 채 이송되고 있는 지금의 상황이 꿈인 게지, 지옥 같은 고3을 끝내고 대학생이 되면 자유라고 생각했던 것이 꿈인 게지, 이 모두가 꿈만 같았다.

그렇게 도착한 서울 구치소의 첫인상은 정신병원 같았다. 정신병원에 가본 적도 없는데 왜 그런 인상을 받았는지 모르겠다. 영화에서도 못 본 것 같은데. 아마도 모두 흰색인 벽과 외부에서 안을 들여다볼 때 시선이 아래쪽으로 향해서 안을 감시할 수 있도록 만든 낮고 작은 창문, 새 건물에서 풍겨나는 시멘트 냄새 등이 낯설어서였을 것이다.

새 건물이라서 깨끗했지만 서대문 구치소보다 답답했다. 여럿이 함께 쓰는 혼거방에 여섯 명이 있었다. 내가 가장 어렸는데 그래도 정치범이라고 언니들이 가만두었다. 대신 나보다 두어 살 많은 언니가 심부름하거나 잔소리를 들어야 했다. 별의별 야한 이야기는 이때 다 들은 것 같다. 사기죄로 들어온 가장 나이 많은 여성 수감자가 "원아 들으면 충격 받는다"고 이야기를 소곤소곤 시작하면 내 귀는 어느 때보다 예민해지기도 했다.

길에 접어들었네

구속되어 있는 동안 어머니는 여러 번 면회를 왔지만 아버지는 한 번도 오지 않았다. 졸업식 때도 한 번도 안 온 분이어서 기대도 하지 않았다. 엄마는 면회 때 나보고 힘내라고 응원했지만 막상 나를 보고 돌아가는 길은 눈물 바람이었다고 지금도 말씀한다. 엄마가 볼 때, 나는 아직 스물도 안 된 세상 물정 모르는 딸이었으니. 독방에 있을 때는 비교적 책도 많이 읽었다. 10권짜리《장길산》《임꺽정》등 장편을 거기서 읽지 않았나 싶다.

그렇게 시간이 갔고 그 공간에 익숙해질 겨울 무렵에 출소했다. 100일이 채 안 되는 시간이었다. 그런데 지금도 내 삶에서 몇 안 되는 기억이 생생한 날들 가운데 한때이다. 너무 낯설어서, 너무 이상해서. 그 이후 중·고등학교 한문 교사가 되고 싶었던 나는 사회변혁을 꿈꾸었고, 자유와 낭만을 상상하던 대학 시절은 시위와 투쟁으로 이어졌다.

출소 후 나는 한동안 심장이 뛸 때가 많았다. 헬멧 쓴 사람만 봐도 백골단인가 해서 심장이 뛰고, 지랄탄이 터져도 심장이 뛰었다. 후배가 잡힐까봐 두려운 건지 내가 잡힐까봐 두려운 건지 '내 손 잡은 후배는 내가 지킨다'고 끝까지 뛰었다. 그런데 그때는 그런 약한 모습을 스스로 인정하거나 수용하지 않았다.

몇 년 전에 대학 동기가 "너가 빵(감옥의 다른 표현)에서 나온 다음에 가투 나갈 때 니 손잡았는데 떨더라. 겉으로만 센 척하지 니가 속으론 두렵구나 했어~" 한다. 이제는 웃으며 이야기하지만 구속과 점거농성, 철야농성, 거리 시위, 단식, 수배 등으로 이어진 대학 시절은 호랑이 담배 피우던 옛이야기가 되었다.

딸아이가 어렸을 때 서대문 구치소로 함께 나들이 간 적이 있다. 구치소를 쭈욱 둘러보고 나왔는데, 딸아이가 뒤따라오다가 멈춰서서 훌쩍인다. 왜 그러냐고 물으니 "흐흐흑…… 엄마가 독립운동 하시느라고 얼마나 고생하셨는지…… 흐흐흑" 한다. 딸은 서대문 구치소 한쪽의 고문실을 보고 엄마도 독립운동하느라 일본 형사들한테 고문받은 줄 알고 마음이 아파서 울었단다. 유관순 열사와 함께 감옥살이한 줄 알고. 그 딸이 중학생 때는 역사교과서 국정화에 반대하는 중고생 시위에 동참하기도 했다.

되돌아보면 1980년 광주항쟁은 나를 1987년 6월 광장으로 이끌었고, 세상의 어두운 그림자를 경험하게 한 이 시간들은 나를 사회변혁의 길로 이끌었다.

그곳에 내가 있었다.

,

내 인생의 두 남자

인연

그에게서 숲 향기가 났다. 비 내린 아침 숲에 들어서면 맡을 수 있
는 나무 냄새며 흙냄새 같은. 그리고 그는 내가 가죽점퍼를 입고
담배를 꼬나물고 있는 모습에 반했단다. 그렇게 인연이 시작되었
다. 숲 냄새로 알았던 그 냄새는 훗날 시댁에서 하룻밤 자고 나면
내 몸에도 배었다. 인연은 때때로 환상과 착각이 만들어낸 어떤 것
이 아닌가 싶다.

지금 그에게서는 숲 냄새 대신에 술 냄새가 풍기고, 그 냄새는
내 작은 코를 찌른다. 그 역시 내가 담배 한 대라도 피우고 방에 들

어오면 "아! 담배 끊어야지. 지독하다"고 잔소리를 한다. 하루에 서너 개비 피우는 내게 스무 개비 피우는 사람이 할 말인가. 언젠가부터 나는 그와의 사이에 냄새 방지용 베개를 세우고 잔다. 방이라도 넓으면 각자 요를 깔고 편하게 자련만. 결핍은 불편함을 수용할 수밖에 없게 만든다.

며칠 전 결혼기념일, 그냥 지나가기는 밋밋해서 집 근처 식당에서 아들과 함께 셋이 저녁 식사를 했다. 딸아이는 올해 고3 입시생이라 오늘도 가족 외식에 결석이다. 고기를 굽다가 옆지기가 한마디 툭 던진다. "나 같은 사람에게 가부장적이라고 하는 건 말도 안 돼. 김치 담그지 빨래하지 요리하지 설거지하지!" 한다. 나 또한 질세라 "혼자 다 하는 거 아니잖아. 함께 살면 함께 일하는 게 당연하지. 당신 다 좋은데 청소는 정말 안 하더라. 시켜야 하구! 언제까지 시켜야 해. 알아서 못하나."

그의 표정이 굳는다. 아들이 "참~ 아직두야~ 아~ 정말……" 하는 소리에 둘 다 멈추었다. 아직도 일상의 소소한 다툼이 끝나지 않는다. 대체 가사노동을 둘러싼 이놈의 싸움은 언제 끝날까? 한쪽이 죽거나 한쪽이 포기하면?!

아버지를 삼식이라던 엄마……. 아버지가 돌아가시면 편할 것 같더니 예상과 달리 막상 세상을 떠나자 우울하고 죽고 싶을 때가 많다고 했다. 하루 세끼 밥상을 차리기 위해 장을 보고 식자재를 다듬고 요리하던 시간을 친구들과 만나고 노래교실 다니고 체조하고 외식하며 보내면서도 그렇다. 옥죄던 압박감에서 벗어나 갑자기 주어진 자유가 때로는 공허감으로 느껴지기도 하나 보다. 그다지 금슬 좋은 부부가 아니라도 말이다.

나도 엄마 같을까? 옆지기가 나보다 먼저 세상을 떠나기 쉬운데 그가 떠난 후 나는 어떨까? 그런 생각이 들면 죽고 난 다음에 후회하지 말고 살아 있을 때 말 한마디라도 곱게 하자고 마음먹지만 그 결심이 그리 오래가지는 않는다. 다가오지 않은 미래보다 지금 경험하는 불평등의 기미, 가부장의 그림자가 느껴지면 고슴도치처럼 가시가 돋기 때문이다.

그 남자가 살아온

옆지기는 30여 년간 돌봄노동을 했다. 결혼생활을 하면서 가장 크게 힘든 점은 효자와 사는 것이었다. 당사자는 효자가 아니라고 극구 부인하지만. 옆지기는 격주로 시골집에 가서 어머니를 위해 음

그곳에 내가 있었다

식을 만들고, 어머니가 편찮거나 문제가 발생하면 언제라도 달려 갔다. 적은 수입으로 두 집 살림을 하려니 경제적인 면에서 스트레스도 만만치 않았다. 결혼 초에는 나도 아이를 들쳐 업고 함께 갔다. 차가 없어서 대중교통을 서너 번 갈아타고 시댁에 가는 길은 집 나서자마자 개고생이었다. 큰애가 학교에 들어가면서부터 나는 격월로 다녔고 그는 격주로 다녔다. 대신 격주 주말마다 그의 부재로 인해 양육과 가사노동은 내가 전담했다. 주중 노동을 마친 주말이 누군가에게는 휴식이지만 나에게는 밀린 집안일을 하는 시간이었다. 그도 힘들었다. 주중에는 직장에서 일하고, 주말에 한번은 시골집에서 한번은 집에서 쉴 틈 없이 일해야 했다. 그럼에도 서로의 힘듦을 위로한 적이 몇 번이나 될까?

작년에 시어머니가 요양원에 들어가면서 월 1회 그곳에 방문하는 것으로 그의 돌봄노동은 간소해졌다. 어머니를 요양원에 모시고 이제야 그는 자기 인생을 사는 것 같다고 했다. 급여는 적어도 비교적 안정적인 일자리도 구했다. 어머니 돌봄에 지쳐서 어머니보다 먼저 죽을 것 같은 큰오빠를 보면서 시누이들이 나서서 어머니를 설득한 덕분이다.

그의 옆지기로서 나의 소망은 그가 남은 인생 후회 없이 살길 바라는 마음이다. 아들로 아버지로 옆지기로 타자가 원하는 방식대로

만이 아닌 그 자신이 원하는 대로 자신의 삶을 살길 바랄 뿐이다.

　그의 어머니에 대한 돌봄노동을 지켜보면서 상대적으로 부모님 돌봄에서 자유로운 나를 보게 되었다. 4년 전 아버지가 떠나는 과정에서 아버지 돌봄은 어머니가 도맡았고 나는 보조 역할을 했다. 아버지는 배변이 어려운 최후의 상황에서도 당신이 화장실까지 기어가서 혼자 처리했다. 우리는 그런 아버지를 보며 "독하다"고 말했다.

　죽음의 여정에서 아버지와 함께 한 시간은 나에게 소중하다. 언젠가 기회가 된다면 그 여정을 기록하고 싶다. 그렇다고 아버지와 나의 관계가 내내 평화롭고 아름다웠던 것은 아니다. 열 살 무렵까지 아버지 같은 남자와 살겠다던 나는 막상 아버지와 가장 달라 보이는 남자를 선별해서 결혼했으니까. 가스레인지도 못 켜는 아버지와 달리 그이는 김치도 담그고 아프면 돌보고 칭찬과 지지도 할 줄 알았다. 일단 외모부터 달랐다. 세상 뜰 때까지 근육질이었던 아버지와 달리 이십 대에도 옆지기에게는 근육은커녕 털도 많지 않았다. 그인 내 엄지발가락에 난 털을 보면서 놀라기도 했다. "여자도 이런 데 털 나?" 하면서.

　아버지 같은 남자에서 아버지와 다른 남자로 배우자 선택의 기준을 바꾼 첫 번째 이유는 끊이지 않는 부부 전쟁에서 아버지의 권위석인 모습에 실망감이 컸기 때문이다. 나는 어머니의 슬픔을 보면서 함께 아팠다. 아버지에 대한 신뢰가 균열되었다. 남자는 믿을 만한 존재가 아니라는 생각이 그때부터 조금씩 자랐던 것 같다. 결정적인 계기는 학생운동 후 병상에 있던 내게 던진 아버지의 말 때문이었다. 말이 준 상처는 몸에 입은 상처보다 오래갔다.

대학교 4학년 때 학생 시위대를 이끌며 앞서서 구호를 외치는 내 모습이 9시 뉴스 전파를 타고 있는지도 모른 채 집에 들어온 내게 아버지는 "너 지금 뭐하고 들어오냐?"라고 물었다. 그때 "학회 모임에서 뒤풀이가 있어서 늦었어요"라고 거짓말했다가 엎드려뻗쳐서 하키 스틱으로 열 대를 맞았다.

그때 엉덩이에 시퍼렇게 쑥물들었던 상처는 보름이 지나서 사라졌지만 병든 나에게 아버지가 던진 한마디는 십 년간 비수로 가슴에 꽂혀 있었다.

비수가 꽂히다

1991년 대학을 졸업하자마자 갑상선암 3기 진단을 받고 수술하니

노동운동을 준비하던 나는 '이렇게 살아서 무엇하나' 하는 우울감이 깊었다. 하필 수술하고 낙담해 있던 5월 그 무렵 명지대 강경대 학생부터 학교 후배인 귀정이를 비롯해 많은 사람이 죽었다.

귀정이가 세상을 떠난 그날, 집 앞이 시끄러워서 몸을 간신히 가누며 나갔다가 대로변을 지나는 시위대에서 동기와 후배들을 만났다. '아! 나도 건강하면 저들과 함께 시위에 참여했을 텐데……' 하는 생각에 울적했다.

그런데 그날 저녁 뉴스에 귀정이가 토끼몰이 식 진압으로 시위대 아래 깔려 죽었다는 보도가 나왔다. 귀정이 문상을 다녀오고 우울감이 더 깊어졌다. '차라리 나도 죽었으면' 하는 생각이 몇 날 며칠 가슴을 짓눌렀다.

깊은 우울감에 빠져 있던 내 마음속을 본 것일까? 아버지가 "차라리 너도 죽어라"라는 말을 했다. 하도 충격적이어서 그 말이 어쩌다 나왔는지 맥락과 정황은 기억나지도 않는다.

우울감에 빠진 사람에게 분노는 극약 처방이다. "차라리 내가 죽었으면" 하던 생각이 사라지고 '반드시 살아서 당신 뜻대로가 아니라 내 뜻대로 살겠다'는 오기가 탄생했으니.

"차라리 너도 죽어라"라는 말은 아버지를 가슴속에서 완전히 밀어 냈다. 아버지 비슷하게 생긴 남자에게 매력은 느꼈지만 멀리했다. 두려웠다. '이 인간도 폭력적일 거야. 배신할 수도 있어'라고. 그런 데 처음 본 옆지기는 첫인상도 부드러웠고 달콤하게 말했고 몸짓 도 따스했다. 게다가 살림도 할 수 있어서 부모님과 다르게 살 가 능성이 높으니 금상첨화다. 그렇게 결혼까지 하게 되었다. 옆지기 에게서 밥하고 요리하는 법, 다림질하는 방법 등을 배웠다. 살림은 뭐든 나보다 잘했다. 청소 빼고.

옆지기가 어렸을 때 사고로 한쪽 시력을 잃어서 깨끗이 청소하 기는 어렵겠다고 수용했다. 그래서 청소는 주로 내 몫이었다. 지금 도 나름대로 평등하게 산다고 생각하며 감사한다. 하지만 IMF 광 풍이 지나고 얼마 후부터 옆지기가 준비하는 사업마다 좌절되면서 우리에게 시련이 왔다.

그 후로 15년이라는 긴 세월 동안 옆지기는 카드 영업사원부터 현장노동자까지 안 해 본 일이 없다. 대신에 숲 해설, 산림치유, 도 시농업, 조경관리 등 전직을 위한 수많은 수료증과 자격증 공부를 했다. 다행히 2018년 안정적인 일터를 가지면서 캄캄한 터널에서 빠져나왔다. 15년이라는 시간은 전쟁이었고 수행의 시간이었다.

옆지기에게서 아버지를 보았다. 아니 보다 정확히 말하면 아버지에게서 보았던 폭력성을 그에게서 보았다. 아버지와 다른 줄 알았던 옆지기도 그랬다. 옆지기와 부대끼면서 명상을 시작했다. 너무 힘들어서, 숨 쉬고 싶어서.

그런데 명상을 시작하면서 옆지기보다 아버지가 먼저 떠올랐다. 결정적으로 아버지와 달라 보이는 이 사람과 인연을 맺게 한 아버지. 옆지기에 끌렸던 것도 아버지 탓 같았다. 옆지기와의 관계가 힘들어지면서 아버지에 대한 원망과 분노가 다시 커지고 있었다. 그런 내게 명상은 아버지에 대한 분노가 어디에서 오는지 알게 해주었다. "차라리 너도 죽어라" 했던 말이 수면으로 다시 떠올랐다.

'맞아! 내가 이 말을 듣고 아버지에게 등을 돌렸지.'

'맞아! 그리고 아버지 같은 남자는 쳐다보지도 않겠다고 했지.'

아버지와 형식적인 대화만 오가던 시절이었는데 마음을 굳게 먹었다. 아버지에게 따지자고. 사과받자고.

2000년 어느 날, 포장마차에서 술을 몇 잔 들이켜고 아버지에게 물었다.

"저한테 '차라리 죽어라'라고 말씀하신 것 기억하세요? 제게 그 말이 얼마나 상처였는지 아세요?"

그곳에 내가 있었다

그런데 아버지는 예상치 않은 반응이었다.

"내가? 아빠가 그런 말했다고? 기억 안 나는데."

나는 그 말이 가슴에 꽂혀서 10년 가까운 시간 동안 무진장 아팠는데 그 말을 한 당사자는 기억조차 못하다니. 진짜로 기억을 못하는 건지 미안해서 기억 못하는 척하는 건지 알 수 없었다. 나는 기막혀 하며 구구절절 원망을 쏟아냈다. 아버지는 결국 "내가 그런 말을 했다면 미안하다"고 했다. 그 미안하다는 말이 천천히 아주 천천히 내 마음을 녹여갔다. 이후로 몇 년이 더 걸렸지만.

아버지와의 관계는 조금씩 나아지긴 했지만 '아버지나 옆지기나 남자들은 다 거기서 거기군' 하는 생각이 있었다. 여성보다 한 차원 낮은 부류의 인간으로 남자를 취급했다.

한창 구로동에서 활동할 때인데 동네 남성활동가들은 이런 나에게 '여자 마초' 또는 '여성우월주의자' 라고 앞담화를 했다. 그런 그들에게 남성 중심의 한국사회에서, 가부장제가 판을 치는 세상에서 여자 마초든 여성우월주의자든 여성들이 전투적일 필요가 있다고 강조했다.

집에 놀러오는 분들의 밥상, 술상은 옆지기가 차려서 내놓았고 나는 설거지를 하거나 손님이 남성들인 경우는 그들이 직접 처리하도록 강요했다. 이같이 남성을 계몽해야 할 존재 또는 전투 상대로 대상화하던 나의 관점은 생각지 못했던 사건에서 서서히 변화되었다. 통렬한 자기반성과 함께.

프리즘으로 보다

큰아이 취학 전 어느 날, 엄마가 나를 만나자 호되게 야단쳤다.

"너는 아빠가 죽으라 했다고 상처받았다는 애가 니 자식한테 똑같이 그런 말을 하냐! 애가 그러더라. 엄마 말 안 들을 거면 나가 죽으라고 했다고. 아이고 참, 니 아빠가 독하게 말해서 징글징글한데 넌 어찌 그리 아빠 욕하면서 니 아빠를 꼭 닮았냐."

그날 이후로 나는 내 안에서 아버지를 계속 만났다. 아니 아버지에게서 보았던 폭력성을, 옆지기에게서 보았던 폭력성을 내 안에서 보았다. 살기등등하며 자학적이거나 피학적이거나 말이거나 표정이거나 침묵이거나 고함이거나 생각이거나 감정이거나. 끝도 없이 나왔다.

'내 안의 폭력성은 유전된 것일까? 그렇다면 아버지도 유전 받은 걸까? 이 폭력성은 어디에서 오는 걸까? 옆지기의 폭력성은 어디서 왔을까?'에서 시작된 질문은 명상, 치유의 여정으로 나를 계속

안내했다. 치유의 여정에서 폭력성=남자로 등치했던 공식에서 벗어나기 시작했다. 사람 안의 다양한 모습을 발견했다.

'가부장적인'이라고 꼬리표 붙였던 아버지에게서 하모니카와 기타, 섹스폰을 연주하는 자유분방한 젊은 청년을 보았고, 촌지나 부정청탁 없이 산 청렴한 교사를 보았고, 당신의 목표를 이루고자 퇴근 후 늦은 밤에도 논문 쓰는 연구자를 보았고, 목표 달성을 눈앞에 두고 교육정책 변화로 갑작스럽게 퇴직하면서 깊은 우울감에 빠진 환자를 보았고, 교직에 있는 경험으로 손주들에게 진로나 친구 관계를 함께 고민해주는 상담자가 된 할아버지를 보았다.

아버지에게서 다양한 모습을 발견하면서 아버지와의 관계가 편안해졌다.

옆지기에게서도 그랬다. 풀잎에 맺힌 이슬에 감탄하는 감성부터 국가의 폭력성에 분노하는 저항을 보았다. 개체적인 독립성을 서로 존중하고 새로운 파트너와 만나도 좋다는 쿨한 남자를 보았고, 피리와 퉁소를 불며 막걸리 한잔에 행복한 한량을 보았다.

차츰차츰 내 안에 흑백으로 나누어보던 인식의 프레임이 프리즘으로 바뀌는 듯했다. 마치 햇살을 받으면 다양한 색깔의 스펙트럼이 프리즘을 통해 보이는 것처럼 사람들 안의 다양성이 보이기 시작했다.

"남자들이란~" 하던 내 목소리가 조금씩 잦아들었다. 아버지는 당신의 생 마지막 순간까지 나에게 스승이었다. 지수화풍 4대가 무너지는 죽음의 과정을 그대로 보여주었고, 명료한 정신으로 당신의 삶을 마무리하고 죽음 직전에 장례식장에 초대할 친구들의 명단, 의료보험증도 스스로 챙기면서 인간이 죽음을 저렇게 맞이할 수 있다는 것을 느끼게 해주었다.

진통제 한 알 없이도 고통의 강을 건널 수 있는 가능성을 보여주었고, 죽어가는 자가 남은 자들에게 평화와 축복의 인사를 보낼 수 있다는 것도 경험하게 해주었다.

눈감기 전, 당신의 사위이자 내 옆지기인 그를 손짓으로 불렀다. 그의 귀에 대고 속삭였다. "무행아, 사랑한다……"고.

생전에 큰 사위의 밥 먹는 모습도 맘에 안 들고 너털웃음도 맘에 안 들고 이름조차 맘에 안 들어 했다. 더구나 여러 직장을 전전하는 큰 사위를 보며 병상에서도 걱정했다. "내가 갈래도 너희가 걸린다"고 했는데 마지막 가는 길에 그조차 털고 갔다. 한 남자는 다른 남자를 그렇게 끌어안았다. 내 인생의 두 남자가.

아버지를 보내고 남자에게든 여자에게든 '이름 붙이는' 일에 더 신중해졌다.

144 그곳에 내가 있었다

한 사람 안에서 수많은 사람을 본다. 내 안에서 수많은 사람을 본다. 그리고 수많은 사람들에서 나를 본다.

오늘도 나는 청소를 누가 할지 설거지를 누가 할지 고르게 역할 분담하고 함께 쉬면서 맥주 한잔하겠지.

최혜영 꾸다

산과 바다가 있는 곳에서 자랐다. 고등학생 때는

별을 좇았고, ICT분야 엔지니어가 될 뻔한 학과에 갔

으나 강의실보다는 교정을 돌아다니며 나무 벤치에 누워 주로 시간을 보냈다.

엔지니어는 되지 않았고, 머릿속에 뒤엉킨 질문의 실타래를 풀어볼 궁리를 하다가

대학원에 진학해 여성학을 전공했다. 이번에는 주로 강의실에서 도서관에서

그리고 여성노조 활동을 하느라 시간을 쪼개 썼다. 공부는 재미있지만, 학위가

굳이 더 필요할 것 같지 않았고, 있다고 더 행복할 것 같지도 않아서 학교 공부는

일차만 하고 접었다. 그 후로 10년을 아시아 이곳저곳에서 여성과 노동 관련

활동을 하거나 놀면서 보냈다. 여성 전용 게스트하우스를 하다가 접고 이제 빵을

만들며 놀 궁리를 하고 있다. 주로 놀고 가끔 일하는 페미니스트다.

내 인생은
낚싯대를 휘젓는 낚시꾼 같다.
욕심 많고 조급하며, 그리고 미련한.

내 인생은
자갈돌 사이에 핀 제비꽃 같다
작고, 깊이 뿌리박혀 있고, 그리고 다시 피어나는.

행복이란
저녁때
사위어가는 볕과 짙어지는 산등성이 굴곡을 알아차릴 여유가 있다는 것
힘들 때
붙들고 울 따뜻한 남의 팔이 곁에 있다는 것
외로울 때
조용히 내려 마시는 커피 한 잔이 있다는 것

최혜영 꾸다

,

나는 그때 그곳에 없었지만,
거기 있었다

　　　　　　　　나는 가끔 말한다. 누군가 "어떻게 혹은 왜 페미니스트가 되었냐"고 묻는다면, "born a feminist(페미니스트로 태어났다)"라고 답한다. 나는 영페미니스트라고 불리는 세대와 같은 시대를 살고 있다. 그렇지만 영페미니스트로 불리는 집단에 내가 속한다고 생각해본 적은 없다. 우리는 비슷한 세대이며 비슷한 사회 문화 정치적 조건 속에서 살아가고 있을 뿐이다.

　나는 1990년대 중반에 대학을 다녔다. 1990년대 대학가는 문화 운동의 번성기였다. 1980년대 지독한 민주화 운동을 거쳐 1990년대 대학가에는 정치적 이슈보다는 문화적 이슈가 더 관심을 끌었다. 경제는 아직 본격적인 침체에 돌입하지 않았고, 특히 공대생이던 내 주변에는 취직을 걱정하거나 미리 준비하던 사람은 없었다. 그래서 나는 별걱정 없이 살았다. '해야 할 것'은 선택의 몫이 되었고, 나는 아무것도 하지 않을 만반의 준비가 돼 있었다. 최선을 다해 '하지 말아야 할 것'으로 여겼던 것을 배우려고 애썼다. 데모질에 참여했고, 수업은 들어가지 않았고, 내게 주어진 권한과 자유의 한계가 어디인지 끊임없이 시험했다.

우리 학과에 여자 선배는 손에 꼽을 정도였다. 그리고 그들은 다들 성적이 좋았다. 우리는 모조리 '단무지' 공대생이었을 뿐, 아무도 성별을 따지는 사람은 없어 보였다. 남자가 학과 회장을 하는 것은 그동안 남자가 많았으니까, 아니 한 손에 꼽을 정도를 빼고는 남자였으니까 이상할 게 없어 보였다. 체육대회는 남자끼리 했다. 여자가 워낙 적어서 팀을 꾸릴 인원도 안 되었다. 거의 구기 종목이었으니까 그랬다. 다행히 여자이니 치어리딩 같은 것을 하라고 아무도 부추기지는 않았다. 그랬다면 전쟁이라도 벌였을 텐데, 우리는 그저 구경하고 응원했다. 그래서 그 세상은 남자라는 성별을 부여받고 태어난 인류들이 '질서롭게' 사는 것 같았다.

한 교수님이 강의 도중에 성별 관련해서 언급한 적이 있다. 그때 들은 말이 유독 기억난다.

그곳에 내가 있었다

"교직을 들을 수 있다. 여학생들은 특히 들어주면 좋을 거다."

'뭐지? 왜 여학생만'이라고 잠깐 갸우뚱했다. 그 선생의 성별 고정관념의 반영인지, 그 바닥 현실을 잘 아는 교수로서 제자들에게 하는 조언인지 구분되지 않았지만, 중요하지 않았다.

'그런다고 누가 교직을 구태여 듣겠어, 다들 엔지니어 되려고 공대에 왔는데.'

대수롭지 않게 생각했다. 그때만 해도 내게 엔지니어라는 직업은 선생보다 멋져 보였다. 이후에 나는 단 한 번도 엔지니어였던 적이 없지만, 그땐 그랬다. 그리고 곧 IMF 외환 위기와 함께 노동시장 규제 완화로 불안정성이 증가했고 교직은 선망의 직업으로 등극했다.

내가 놓인 세계가 남자일색이긴 했지만, 딱히 성차별적이라거나 성별 분리적이라는 티가 많이 나지는 않았다. 집에서처럼 내게 밥을 하라고 하거나, 아들자식 먼저 챙기며 내게 '여자답게' 처신하라고 내 성별을 호명하는 수행을 요구하지 않았다. 더 정확히 나는 못 느꼈다. 나는 여자가 아니었다. 나를 여자로 대하지 않았기에 여자가 아닌 나는 못 느꼈다. 나는 '여자'가 되기 싫었다. 내게 부여된 성별을 탈색한 채 '단무지' 공대생인 게 더 편했다. 나는 '여자'가 되기 싫은 여자였다. 가급적 내 성별이 발각되는 게 싫었다. 내게 주어진 성별이 싫었던 것이 아니다. 나를 '여자'로 대하고 '여자' 처럼 행동하라고 하고, 세상이 정한 '여자'라는 틀에 나를 맞추려는 일련의 힘이 싫었다. 그런 연극에 동참한 적이 없었던 것은 아니지 만, 그 연극에 가담할수록 내가 원하는 때에 원하는 방식으로 분리 되고 벗어나기가 어려웠다. 그래서 끼고 싶지 않았다.

공대는 내 성별 수행에 다른 색을 입히기에 좋았다. 나는 남자일 색 공대에서 성별을 호출시켜내는, 자백하는 언행을 굳이 하고 싶 지 않았다. 그리고 자주 들었던 말 "너네는 여자가 아니잖아!" 그 말에 묘한 안도감이 들기도 했다. 성별이 부착되지 않은 그저 공대 생이라는 집단에 숨어 편안해지고 싶었다. 그렇지만 주어진 성별 이 남자일색인 공대의 문화는 이미 남자였다. 해서 나는 성별이 없 는 공대생으로 계속해서 숨어 지낼 수는 없었다.

내 주어진 성별은 여자였고, 남자가 되고 싶은 게 아니었다 해도 남자일 수도 없었다. 남자가 아니기에, 남자가 되고 싶은 게 아니 었기에 나는 남자일색이고 남자 중심적인 공대에서 공대생으로 온 전히 안착하지 못하고 미끄러져버렸다. 사실 그것은 불가능한, 헛 된 꿈이었다. 모든 센서가 성별 이분 원칙을 중심으로 작동하는 세 상에서 성별을 숨길 수 있다고 생각하고, 성별 이분적인 색을 입지 않은 세계를 꿈꾸고, 이 모든 것이 헛되었다.

남사일색 공대에서 여자가 아닌 '공대생'이라는 옷을 입고 그 이름으로 묻혀갈 수 없다는 점은 여러 사건에서 확인되었다. 공대 놀이 문화는 이 공대생이 누구로 대표되는지 명확히 보여준다. OT 때부터 익숙한 풍경의 하나. 처음에 좀 놀래기는 했지만, '공대생이 되어야' 하는 처지였으므로 내가 익혀야 하는 공대생 기술의 하나쯤으로 생각했다. 학과 깃발을 가랑이 사이에 끼워 잡고 (흡사 남자 성기처럼) 들어 올리는 제스처는 힘차게 일어나는 공대생을 표상하는 방식으로 쓰였는데, 우리 모두는 응원을 하거나 힘찬 구령을 외칠 때 그 동작을 종종했다. 공대생의 일원이 되기 위해 어쩔 수 없는 길이었다.

나는 매번 이건 공대생의 표상이므로 내가 남자인지 아닌지와는 상관이 없는 거라고 스스로를 기만했다. 남자 성기를 갖지 않은 내가 그 동작을 하는 것은 더 우스꽝스러운 것이 되었다. 흉내 내려 해도 그 의미를 가질 수 없으므로 따라할수록 우스워진다는 것을 인정할 수 없었다. 다른 방법을 몰랐다.

아무렇게나 지껄이는 욕설이나 비속어, 허세 부리는 말투는 공대생 문화의 일부였다. 말 한마디 하는데 욕설 한두 개쯤 섞여 들어가야 맛깔나는 공대생의 말투가 된다고 생각했다. 모두 그랬으니까. 나만 다른 척하고 싶지 않았으니까. 그래서 나도 욕 좀 하는 여자는 아닌 공대생이 되었다. 많이 쓰는 비속어 중에 "꼴리는 대로 해"라는 말이 있다. 니 멋대로 해라 정도의 뜻을 가진 좀 더 센 말로 알고 썼다.

어느 날 남자 선배 하나가 내 꼴을 보더니 "그 말이 무슨 뜻인지 알고 쓰느냐"며 가소롭다는 듯이 뜻을 일러주었다. 남자 성기가 흥분하여 일어나는 것을 가리킨다는 말을 들으며 나는 얼어버렸다. 스스로가 우스워졌던 것 같기도 하고, 굳이 그 뜻을 알려주는 선배 행동의 의도를 읽으려고 궁리했던 것 같기도 하다. 분명한 것은 선배가 단순히 그 의미를 알려주려고 했던 것은 아니었다. 여자애가 그런 비속어를 입에 담으면 안 된다는 차원의 충고는 아니었던 것 같다. 단지 상스러운 말이 문제라면, 그 말 외에도 여러 가지 상스러운 말에 나는 이미 능했으니까. 그 말에 잠재된 폭력성에 대해 일침을 주어 그것의 사용 자체에 대해 비판하고자 했던 것으로 보이지도 않았다. 그 선배가 다른 사람에게 그 얘기를 하는 것을 본 적도 들은 적도 없었으니까. 그럼 왜?

선배의 의도는 정확하지 않았지만, 그의 행동은 나를 여자로 확실히 구분지어버렸다. 내가 뭐라 응수를 못하고 얼어버렸던 이유는 분명하다. 그 뜻을 일러주는 행동의 장면에서 나는 여자로 등장

되었다. 더 정확히는 '남자 성기가 없는 자'가 되었다. 그래서 내 말은 그 의미를 획득할 수 없있디. 아무리 "넌 여자가 아니잖아"를 외쳐댔어도 나는 남자 성기를 갖지 않았기 때문에 그들과 같아질 수는 없었다. 내 흉내 내기는 빈껍데기일 뿐이며 진정한 의미는 흉내가 아니라 남자 성기를 가지고 있느냐 아니냐에 의해 결정되는 거였다. 선배의 행동이 내게 한 말은 "아무리 흉내 내려 해봤자 넌 안 돼"였다. 공대의 문화 속에서 내 말과 행위는 빈껍데기일 뿐 의미를 갖지 못했다. 나는 흉내 내기가 되었고, 그들은 진짜가 되었다. 같아지려고 할수록 선명하게 구분되어버렸다.

이런 부조화가 정확히 무엇인지 나는 눈치채지 못하고 있었을 때 학과 동아리 선배(남자) 하나가 대학생 여성주의 모임이 만들어졌다며 내가 한번 가보면 좋을 것 같다고 말해주었다.

성차별 문제는 내게 주요한 화두였지만 나는 페미니즘을 향해 정조준한 욕을 함께 먹고 싶지는 않았다. 날아오는 욕에도 무사할 용기가 없었다.

그리고 나는 어설픈 공조라고 할지라도 아직 내 주변에 있는 그 공대생들과 나름 재미있었다. 그들 중에는 꽤 괜찮은 사람도 많이 있었고, 그들이 항상 골칫거리를 던져주는 것도 아니었다. 여기는 그런대로 있을 만했고, 나는 그들과 그곳에서 잘 지내보고 싶었다.

저 세계로 발을 들이는 것은 분명한 단절로 가는 첫발일 것 같아서 머뭇거려졌다.

    나는 페미니즘에 대해 알지 못했다. 내가 아는 것은 페미니즘에 쏟아지는 비난이었다. 그 비난이 타당한지는 따져볼 수 없었다. 페미니즘에 대해 몰랐으니까. 단지, 비난의 화살이 쏟아지는 곳으로 걸어 들어가고 싶지 않았을 뿐이다. 굳이 욕먹는 곳에 서지 않더라도 세상을 더 정의롭게 만드는 길이 있다고 믿고 싶었다. 그렇지만 곧 나는 다른 길을 발견할 수도 없다는 것을 깨달았다. 페미니즘이 걸어 온 길에 대해 아는 게 전혀 없었기 때문에 내가 상상하는 그 무엇도 "다르다"고 말할 수 없었다.

    페미니즘에 대해 알기 전까지는 '다른' 길도 있을 수 없었다. 오히려 페미니즘에 가해지는 부당한 폭력에 내가 공모하고 있을 수도 있다는 사실에 눈이 뜨였다. 별걱정 없는 대학생활이 끝나기 전에 나는 1990년대 중반 그 시대의 영페미니스트들과 내가 전혀 다른 곳에 있는 게 아닐 수 있다는 생각을 하기 시작했다.

,

청소는 아직
끝나지 않았다

　　　　　　　　　　커피 물 끓는 소리를 들으며 라디
오 볼륨을 높였다. 아직 영화음악이 나오지 않는다. 오늘은 아침
시간이 조금 일찍 마무리되었다. 다 떠나고 혼자 남은 시간이다.
길지 않은 혼자만의 시간에 짬을 내어 여유를 부릴 작정이다. 서걱
거리는 커피 그라인더를 돌리며 오늘 할 일의 시간표를 떠올려 본
다. 매일 하는 일인데도 매일 시간표를 새로 짠다. 루틴하게 하던
대로 하면 된다고 하는데, 얼마나 더 반복되면 몸에 밴 습관처럼,
아니 프로그래밍 된 기계처럼 일을 처리할 수 있을까.

　매일 하는 일은 그냥 하면 된다는 생각이 어리석은지도 모르겠다.
나는 그냥 하던 대로 해서 일을 재빨리 끝내 본 적이 없다. 항상 답답

했다. 한번은 아주 세밀하게 일의 목록을 만들어 본 적도 있다. 매일 할 일과 주 2~3회 해야 하는 일, 일주일에 한 번, 혹은 한 달마다, 그리고 계절별로 할 일을 나열해보았다. 그것을 일의 필요도, 중요도에 따라 분류도 해보았다. 각 세부 노동에 소요되는 시간도 평균 잡아 정리를 해보기까지 했다. 흡사 20세기 초, 공장 노동자의 노동을 동작까지 계산해 과학적 관리라는 이름으로 노동관리(통제) 시스템을 개발한 경영관리과학자 테일러라도 된 기분이었다. 재미있었다.

유사 가사노동에 이런 방식을 접목시켜 자율적인 관리 체계를 만들어보면, '주부노동'으로 대변되는 집안일, 가사노동의 복잡 다양성, 관리적 성격 등을 입증할 수 있고, 나아가 하찮은 일로 치부되는 잘못된 인식을 바로잡을 수 있지 않을까 하는 호기심도 솟아났다. 그러나 이 무지갯빛 의욕이 오래가지는 못했다.

19세기 말 20세기 초, 산업화와 과학화를 필두로 한 산업의 확장 가운데 '문젯거리'로 남겨졌던 여성들의 문제를 해결하고자 했던 시도가 여럿 있었다. 그중에는 가정과학 분야의 개발, 발달이 있었다. 가정관리를 과학적 토대 위에 세우는 이 과정은 엘리트층 여성에게는 여성이 진입할 수 있는 과학적 학문 분과를 개척하는 시도였고, 가정이 '문제'로 가득 찬 구역으로 확인될수록 대다수의 중산층 여성은 가정을 지킬, 바로 세울 '사명감'을 부여받았다.

그곳에 내가 있었다

'위생' 등에 제대로 된 지식을 가지고 '올바른 생활'이 가능하도록 가정을 관리해야 할 책임이 여성에게 부과될수록 여성은 그 역할을 담당해야 한다는 사명 아래 '가정주부'로 가정에 남았다.

'가정 관리', '가정 과학'이라는 이름으로 가정에 과학적 시대에 조류를 편입시키는 시도는 여성을 그들이 하는 노동으로부터 소외시켰다. 필요한 노동을 발견하는 것도, 그 노동을 수행하는 데 필요한 지식을 개발하고 그 방법을 고안하는 것도 '가정 관리'를 담당할 여성들의 몫이 아니었다. 전문가들의 몫이었고 '가정주부' 여성은 가르칠, 교화시킬 대상이 되었다. 결국, 가정에서 수행되거나 되어야 하는 노동을 분류하고 그 정합성을 따져 세세하게 분석, 체계를 세우려는 20세기 초 일련의 '과학적 시도'는 그 일을 수행하는 사람, 여성에게 더 나은 지위와 세상을 가져다주지 않았다.

내가 하는 일을 명료하게 체계화하려고, 체계화해서 좀 더 편하게 일하고 싶은 마음에 돌멩이가 툭 던져졌다. 체계화하면 이 노동과 나아가 집안일 노동이 '단순 반복 노동'이 아니며 이를 수행하기 위해 다양한 지식과 숙련, 그리고 '고도의' 판단이 필요하다는 점을 보여줄 수 있을 거라는 얕은 희망도 거품처럼 꺼져버렸다. 모든 거창한 핑계를 차치하고도 내가 하는 일은 '그럴 듯한', '가치 있는' 노동이라는 확신을 스스로에게 새기고 싶었던 얄팍한 속셈이 서 있는 지반이 흔들리고 있었다. 그렇게 게스트하우스(이하, 게하) 노동을 매뉴얼화하려던 시도와 그 뒤에 숨은 욕망은 한 철의 재미와 희망을 선사한 후, 잇따라 밀려든 회의적인 세계관에 묻혀 동면에 들어갔다.

그렇다고 게하 노동이 끝난 것은 아니다. 게하 노동은 우렁찬 커피 물 끓는 소리 뒤로 펼쳐져 있다. 나는 오늘도 할 일을 뒤로 미루고 '여유'를 먼저 챙긴다. 일을 끝내고 찾아오는 여유는 허상이다. 고구마 줄기처럼 줄줄이 고개를 들이미는 일거리 속에서 끝은, 끝맺음은 완료나 완성을 의미하지 않는다. 다만, 일단락 혹은 일시정지 정도가 되겠다. 내 머릿속 일시정지 버튼은 곧잘 고장 난다. 노동력 재생산을 위한 휴식을 확보할 수 있도록 일시정지 버튼을 제대로 작동시키는 것은 분명 중요한 능력이다.

나는 그 중요성을 자주 잊어버린다. 나 혼자 하는 일이기에 천만다행이다. 만약 누군가를 고용해 일을 부리면서도 그 중요성을 방치한다면 나는 고소당해 마땅하다. 만약 누군가의 노력과 노동으로 혜택을 보고 있으면서도 그것에 무관심하다면 나는 윤리적 비난을 면할 수 없다. 혼자 하는 일이라도, 하고 싶어서 하는 일이라도, 중요한 건 마찬가지다. 다만, 법적 처벌과 윤리적인 책임의 대상이 되지 않을 뿐이다. 이것이 주로 개인적 차원에서의 고됨, 일

그곳에 내가 있었다

을 구조화하고 배분하고 휴식을 배치하는 능력의 문제로 읽히기는 하지만 사회적 효과가 없는 것은 아니다. 그 효과가 무엇인지 자세한 이야기를 한꺼번에 다 풀기에는 내 사고력이 방전되고 있다. (다음에 좀 더 살펴볼 기회가 있겠지.) 요점은 개인적 차원의 행동, 일을 하는 태도는 당연히 사회 통념, 인식의 렌즈로 바라보는 시선에서 자유롭지 못하지만, 개인적 삶의 태도 역시 사회적 효과를 낳는다는 것이다.

게하 청소, 관리 노동은 그 결과만큼이나 시간관리도 중요하다. 손님이 나가고 다른 손님이 오기 전에 일을 마쳐야 한다. 손님이 오는 시간을 일일이 알 수는 없고, 단지 정해진 입실 시간 전에 주요 일을 마쳐야 한다. 청소기와 걸레가 널브러진 채, 화장실 청소가 안 된 채, 침대가 어수선한 채로 손님을 맞을 수는 없다. 그러기에는 내가 입을 정신적 타격에 미리부터 아프다.

게하지기로서 게으름에 대한 비난, 하는 일에 대한 전문성 부족, 시간관리 능력 부족, 하고 싶은 일을 직업으로 하는 사람으로서의 자질에 대한 의심 등 수없는 '부족함'에 대한 공포가 민낯을 드러낸다. 손님 앞에서 공포는 나를 어쩔 줄 몰라 하는 자신감 없는 사람으로 만들고 자신의 일을 부끄럽게도 '완수'하지 못한 부족한 사람으로 순식간에 만들어버린다. 유쾌하지 못하다. 피하고 싶은 상황이다.

　해결책의 하나로 입실 시간을 늦추고 일할 시간을 좀 더 확보했다. 다른 방법으로 게하지기가 일이 느려 정리정돈 상태가 일시적으로 불량할 수 있음을 공지해 양해를 구했다. '공포'가 얼굴을 내미는 빈도는 줄었지만 여전히 해소된 것은 아니다. 오늘처럼 여유를 더 부리고 싶은 날, 일하기 싫은 날, 상념의 구름이 뭉게뭉게 피어오르고 두둥실 떠도는 날에는 '배짱'을 더 다져 먹어야만 한다.

　커피콩을 가는 손은 아직 돌아가고 있지만 생각의 꼬리는 할 일 시간표에서 게하 노동의 효율성 제고 방안, 그리고 미완성과 부족함에 대한 공포로 옮아갔다. 이놈에 상념은 광속으로 스쳐간다. 가끔은 찬찬히 살펴볼 시간을 따로 마련해야 한다. 볕 좋은 날 커피를 동무 삼아 살펴보기 딱이다. 커피를 들고 마당에 나가 앉았다. 캠핑용 의자에 목을 기대니 파란 하늘이 눈앞에 펼쳐진다. 떠가는 구름을 둥실둥실 좇다가 머릿속 생각 하나를 끄집어냈다.

　며칠 전에 만난 사람이 한 말이 뇌리에 남아 있었다. 그 사람은 노동, 여성 분야를 주로 연구하는 제법 알려진 박사였다. 알고 지낸 지 꽤 된 사람이다. 내가 게하를 하고 있다는 것도, 내가 '주로 놀고 가끔 일할 궁리'를 하며 지낸다는 것도 알고 있다. 그날 그가 슬쩍 꺼낸 말은 게하 노동하는 것, 더 정확히는 남이 쓰고 간 뒷자

그곳에 내가 있었다

리, 남이 버리고 간 쓰레기, 오염된 것을 치우고 뒤치다꺼리를 하는 일이 괜찮냐는 것이었다. 본인은 하고 싶지 않을 것 같다는 게 요지였다.

기분이 상하지 않았다면 거짓말이다. 나는 애써 게하를 운영하면서 겪은 즐거운 일들과 그것의 긍정적인 가치까지 덧붙여 주저리주저리 늘어놓으며 관심을 돌리려고 애썼다. 그렇지만 나는 그 박사가 한 말의 사회적인 의미를 정확하게 알고 있었다. 내 기분이 상한 건 그 사람이 무례하기 때문이 아니었다.

그 박사는 정확하게 솔직했다. 전에도 민박(게스트하우스)은 하고 싶지 않을 것 같다는 말을 여러 차례 들은 적이 있다. 단지 사람마다 하고 싶은 일이 다르니까 그럴 수 있다고, 각자 하고 싶은 일을 하면서 사는 거라고. 모든 것을 사회적 맥락은 삭제해버리고 오직 개인의 취향과 선호, 선택의 문제로 치환될 수 있는 것처럼 생각하고 이해하면 편리하다. 내가 불쾌할 이유도 없고, 상대방은 '사회적 인식'을 뒤집어쓴 대변자가 되지도 않는다.

그런데 이 박사의 질문은 이 노동을 둘러싼 사회적 차원의 이슈를 적나라하게 드러냈다. 그리고 나는 더 명료해진 사회적 인식과 평가 앞에 '배짱'과 '무심함'으로 갑옷을 두른 채, 그건 네 생각이고, 나는 내 갈 길 가는 한 개인이면 괜찮은 것인지 궁금해졌다.

남이 쓰고, 버리고, 오염시킨 것을 치우는 노동에 대해 한편에서 사회적 의미를 부여하고 있다고 하더라도 노동에 대한 위계적 평가는 낮다. 그런 일은 좀 꺼림칙하다고 여겨진다. 특히, 남의 집에서 해야 하는 가사노동이나 숙박업소 청소 노동, 화장실 청소 노동에 부착된 편견은 거리 청소 노동과는 분명히 구분된다.

이를테면 거리 청소 노동은 사회적 공적 공간인 거리를 깨끗하게 해 시민들의 복리를 증진시키고 공리에 복무한다는 의미가 부여된다.

반면, 남의 집 가사 노동자나 숙박업소 청소 노동자는 사회적 의미를 수혜 받지 못한다. 특히, 화장실 청소 노동은 배설물에 대한 원초적인 혐오가 작용한다. 화장실 청소를 하는 카스트가 따로 있던 인도 카스트제도가 철폐되었으나 사람들의 인식 속에서 실천되고 카스트 낙인이 여전히 살아 있는 것과 마찬가지다.

남이 쓰고, 먹고, 오염시킨 것을 치우고 정리하는 일은 하찮은 일, 가급적 종사하지 말아야 할 일, 더러운 일이라는 낙인이 우리 안에서도 지워지지 않았다. 그리고 이것이 내게 갖는 개인적인 함의는, 누군가는 내가 하는 일도 그런 시각으로 보고 있다는 것이다. 아무렇지 않은 척할 수는 있어도, 화려하게 포장할 수는 있어도, 없어지지 않는다. 깊은 곳에 숨겨둔 걱정이 형체도 없이 살아

그곳에 내가 있었다

나 때로 나를 흔든다.

청소 노동이 게하 노동의 전부는 아니다. 게하 운영은 여러 가지 노동으로 구성되고 여러 차원의 의미를 갖는다. 분명, '오염'된 것의 처리도 그 노동의 한 부분이다. 나는 자주 그것에 대한 사회적 평가를 외면하고, 내가 하는 일의 특징적인 한 부분을 의식의 지하 창고에 가두어두고 있다. 작은 외부 자극에 문득 흔들림이 찾아온다. 내가 하고 싶은 일을 한다는 배짱으로 단단해야 할 것 같은데, 너무 자주 흔들린다.

게하를 하게 된 동기는 거창하지 않았다. 마당이 있는 너른 집을 얻은 상황이 마음에 불을 지폈다. 마땅히 더 하고 싶은 일이 없었고, 다만 하기 싫은 것은 하기 싫었다.

볕 드는 마당에서 바람과 햇볕에 나를 널어 말리고 싶었다. 그렇게는 못 하더라도 바람과 햇볕에 뽀송뽀송 마르는 빨래를 감상할 수 있는 좋은 기회였다.

시작은 그렇다. 시작은 매우 단순한 선택과 결정이었다. 끝은 모른다. 과정은 부대낌과 흔들림의 연속이며, 시작의 단순함을 구체화하는 노력과 시도를 통해 닦는 길이다.

주변 시선에, 어긋나는 기대에, 만족과 성장에 대한 사회적 명령에, '원하는 것을 하고 살라'는 문화적 언명에, 여유조차 배짱인 현실에 부대끼고 흔들린다. 게하지기로 사는 것이 내게 갖는 의미를 발명하는 길 한가운데에서 헤매고 있다. 아직 청소가 남았다. 흔들림의 소용돌이도, 의미의 발명도 내 청소를 대신하지 못한다. 청소노동에 대한 고민은 내일로 미룰 수는 있어도 나는 지금 오늘 몫의 청소를 마쳐야 한다. 화장실부터 시작해야겠다.

그곳에 내가 있었다

김미경 푸카

(사)부천여성노동자회에서 10년간 활동 후 아이
들과 함께 하는 일상의 재미를 찾아 나섰다.

2013년 일하는여성아카데미와 인연이 되어 '여성주의'를 배우고 있다. 언제나

'행복하고 즐거운 활동'이 일상이 되기를 바라며 살고 있다.

내 인생은 무지개 막대 사탕 같다.
다양한 맛, 상상의 맛, 조화로운 맛이 있으니

행복이란
저녁때
내가 좋아하는 음식을 먹는다는 것
힘들 때
누울 수 있는 나만의 공간이 있다는 것
외로울 때
이야기 나눌 친구가 생각나는 것

나의 힘듦을
알아차리는 친구가 있다는 것
재미난 일이 있을 때
함께 하고픈 사람이 있다는 것
내 일상에
나만을 위한 시간을 가질 수 있다는 것

나에게 행복이란 한마디로 혼자가 아닌 '함께' 이다.

김미경 푸카

또 다른 세계
또 다른 여성으로

1991년 햇살이 쨍한 어느 날, 교실 안으로 메케한 냄새가 들어온다. 친구들은 일제히 소리를 지른다.

"야야, 최루탄 냄새 나지? 많이 난다~ 와~!"

"하하하하, 그러면 우리 오늘?"

"와~ 앗싸! 학교 단축수업한다~."

선생님이 들어왔다.

"오늘 수업 여기까지 한다. 하교할 때 조심하고 내일 보자."

"와~, 신난다. 맨날 데모했으면 좋겠다~."

반 아이들은 모두 신나서 웃고, 소리 지르며 단축수업을 하고 집에 갈 때까지 남은 시간 동안 무엇을 할지 삼삼오오 모여 계획을

짜기에 바빴다.

나도 역시 함께 노는 친구들과 모여 어디 떡볶이 집이 맛있다, 아니다 새로 오픈한 프렌치프라이드 집에 가야 한다, 옷 가게 구경 가자, 최루탄 냄새나는데 돌아다녀도 괜찮냐, 다 좋은데 돈이 없다 등 들뜬 목소리로 재잘재잘 떠들었다.

햇볕은 따뜻하고 바람은 살랑살랑 부는 봄날, 이제 막 꽃들이 피어나고 나무에 초록색으로 가득한 그날 우리는 학원에 가기 전 신나게 놀 수 있는 이 시간을 즐겨야 한다고 생각하며 빛의 속도로 가방을 챙겨 넘어질 듯 뛰어 교실 밖으로 나갔다.

교실을 나가 운동장을 향해 걸어가면서 우리의 표정은 조금씩 찡그러지고 눈물 콧물이 나기 시작했다.

"에이 뭐야~, 이렇게 최루탄을 많이 쏴야 했던 거야?"

"대학생 언니 오빠들은 다들 어디 갔어?"

"야, 저기 봐! 전경들이야~. 우…… 무섭다…….”

"야 나 휴지 좀~ 눈물, 콧물 완전 많이 나와…….”

"빨리 가자~! 뛰자~."

우리들은 그렇게 뿌연 공기 속을 헤쳐 바닥에 뒹구는 종이들을 밟으며 뛰었다.

고등학교 1학년. 나는 홍익대학교 부속여자고등학교에 재학 중이었다. 홍익대학교와 담 하나를 사이에 두고 고등학교 3년을 보냈다.

대학생 언니, 오빠들이 데모하는 날이면 우리는 최루탄 냄새와 창밖에서 들리는 확성기 소리, 함성으로 수업할 수 없어서 단축수업을 하곤 했다. 데모의 영향으로 단축수업을 하면서 우리는 좀 더 자주자주 데모가 일어나기를 바라곤 했다. 그때 그저 수업을 다하지 않고, 화려하고 볼거리가 많은 홍대 거리를 친구들과 재잘거리며 돌아다니는 게 마냥 신났다. 데모를 왜 하는지, 확성기 넘어 들리는 소리의 내용이 무엇인지에 대해서는 전혀 관심이 없었다. 그저 나와 친구들은 데모가 시작되면 최루탄이 최대한 많이 터져서 우리 학교와 교실에 영향을 주기만을 기대했다.

고등학교 2학년이 되면서 데모는 점차 사라졌고 단축수업에 대한 기쁨과 기대감은 있을 수 없는 일이 되어버렸다. 데모에 대한 기억이 점차 사라지고 고등학교를 졸업했다.

대학교에 입학하고 학생회관에 붙어 있는 '총학생회'라는 글씨와 대자보를 보며 고등학교 때 우리가 마셨던 최루탄, 그리고 데모의 의미를 아주 조금, 아주 조금 알 듯했다.

아주 평범한 대학생활을 했던 나는 아르바이트와 학교만 왔다 갔다 하고 학생회 일에 관심이 없었다. 그리고 학교를 졸업할 때까지 학교에서 데모라는 것은 볼 수 없었다.

졸업 후 전공을 살려 사회복지 시설 모자원에서 상담사로 일하면서 결혼했다. 직장은 상계동, 신혼집은 부천이라 오가는 게 힘들어서 집 근처로 직장을 옮기기로 했다.

여기저기 이력서를 넣었고 면접 소식을 기다리던 중 집에서 걸어 10분이 안 되는 곳에서 연락이 왔다. 면접 당일, 면접장에 사람들이 정말 많았다. 내 면접 시간에 맞춰 왔지만 한 시간 정도는 기다렸다가 면접을 보았다.

면접실에 들어갔을 때 면접관들이 무척 많아서 놀랐다. 긴 회의 테이블에 여섯 명 이상 앉아 있었던 것 같다. 면접관들이 많았지만 떨리지는 않았다. 담담히 편안하게 면접을 보았다.

면접관 한 분이 나에게 "우리 법인에 대해서 알고 있나요?" 라고 물었다. 그에 "네. 홈페이지를 봤습니다" 하고 대답했다. 거짓말이었다. 홈페이지는 보지 않았다. 그런데 면접을 끝내고 돌아 나오면서 왠지 될 것 같은 느낌이 들었다.

합격했다는 소식을 듣고 12월 말에 모자원 일을 정리하고 새로운 곳으로 출근했다. 사무실은 이사 온 지 얼마 되지 않아 정리가

그곳에 내가 있었다

덜 되어 있었고 사무실 선생님들은 바빠 보였다. 나는 선임자에게 인수인계를 받았으면서 내가 생각했던 사회복지사가 하는 일과 다르고 면접 봤을 때 말한 월급과 너무 차이가 나서 놀랐다.

면접 봤을 때 내가 했던 거짓말이 떠올랐다. 그리고 순간 후회했다. 그때 왜 솔직하지 못했을까, 나는 왜 면접 보러 오면서 단체에 대해 알아보지 않았을까. 인수인계 받는 첫날부터 일주일 동안 고민의 연속이었다. 엄마는 나에게 "조금 있다가 아이 가지면 계속 일을 할 수 없으니까 그때까지만 다녀봐" 하고 말씀하셨다.

고민 끝에 "나는 어디서든지 잘 지낼 수 있고 집에서 가까우니, 그래 다녀보고 정말 나하고 맞지 않는다면 그때 그만두자" 하고 스스로에게 말했다.

몇 달 동안 처음 들어보는 생소한 단어들에 적응하느라 힘들었다. 투쟁, 노조, 여노, 집회, 노동자, 근로기준법, 최저임금, 모성권, 비정규직 등……. 모든 것이 낯설고 정신이 없었다. 그렇게 정신없이 시간을 보내면서 나는 알고 있던 세상과 다른 세계를 알게 되었다. 나는 정말 운 좋게 잘 지내고 있었다는 것을. 그리고 내가 누리고 있던 것들이 함께하는 분들의 노고로 이루어졌다는 것을 말이다.

다른 세계에 대해 알게 되면서 내 생활에 분노가 올라오고 결혼

생활에 대한 회의도, 짜증도 많이 났다. 어떻게 하면 이 혼란스러운 생활이 나아질까 고민도 많이 했다.

시간이 흐르면서 그만두겠다는 생각은 어디로 사라져버렸는지 나는 사무실 선생님들과 여성노동자회(이하, 여노)를 방문하고 함께하는 여성들 안에서 즐거움과 보람을 찾았다. 집회에 함께한 여성들에게 힘도 얻고, 우리가 가야 할 길이 멀다는 것도, 힘들다는 것도 알았지만 여노를 통해 교육 수료 후 자신의 진로를 찾아 세상으로 나간 분들, 여노를 알게 되어 삶이 달라졌다는 분들, 이런 좋은 곳은 더 알려야 한다고 적극적으로 나서는 분들, 조용히 힘 있게 여노 일을 도와주는 분들, 실습생으로 여노를 찾아와 회원이 된 분들, 회원에서 실무자가 된 분들, 아낌없는 조언을 해준 분들, 말로 표현할 수 없을 정도로 많은 여성으로 인해 여노에서 일한 10년의 시간이 소중하고 행복했다.

여노 실무자로 일을 그만두는 게 잘하는 것인지, 후회하지는 않을지 걱정이 컸지만 회원들이 항상 "여성노동자회는 언제든지 찾아올 수 있는 친정 같은 곳"이라고 말했듯, 몸은 함께하지 않지만 내 마음에 여노가 있고 여노를 사랑하는 회원들이 있어서 가벼운 마음으로 일상의 재미를 찾아 나갔다.

그곳에 내가 있었다

학생운동이 뭔지, 왜 하는지 아무것도 모른 채 최루탄의 메케한 냄새 앞에서 놀기만을 바랐던 내가, 여성이지만 여성의 삶에 대해 전혀 알지 못했던 내가, 솔직하지 못한 면접을 통해 여노에서 일한 내가, 성장하고 행복해하며 여노, 그곳에 있었다.

,

지금, 매 순간
너를 생각하는 내가 좋아

시간에 쫓겨 너의 세심한 표정과 모습이 보이지 않았어. 솔직히 네 모습에 관심이 없었어. 정해진 시간에 맞춰 문을 나서야 하는 나라서. 나는 항상 바빴으니까.

그때는 내가 제일 중요했고, 모든 것이 내 중심에 있었어.

내 생각이 중요했고 내가 원하는 대로 이뤄져야 한다고 말이야.

내가 정해놓은 목표를 향해 가고, 목록에 적어놓은 '오늘의 할 일'은 꼭 해야만 했어.

'오늘의 할 일'을 하지 않으면 내일 일에 더해지고 그러면 나는 퇴근 후에 잠을 못 자고 일을 해야 했으니까……

네가 힘들고, 버겁고, 슬프고, 기쁘고, 화나는 등 너의 감정들은

그곳에 내가 있었다

중요하지 않았고, 아니 생각하지 않았어. 그럴 필요가 없다고 생각했어. 내가 보기에 너는 잘 지내고 있으니까.

나에게 향한 내 시선을 너에게 돌리기 위해 아픔으로 신호를 보냈지만 나는 그조차 힘들고, 짜증이 났어. 나는 네가 그저 유행하는 병에 감염되어 아픈 거지, 다른 이유가 있다는 생각은 전혀 하지 않았어. 열심히 병원에 가고 약만 주었어.

그렇게 2년 6개월의 시간을 보낸 후 내 몸이 아프기 시작하면서 내가 잘 살고 있나 하는 의문이 들기 시작했어. 일하는 게 행복하고, 내가 즐겁고, 내가 건강할 때는 내 주변의 아무것도 보이지 않았어. 내가 아프고, 힘들고, 버겁고, 휴식이 필요하다고 느꼈을 때 내 주변과 삶에 눈을 돌리기 시작했어.

내가 주변을 보기 전까지 누군가 너에 대해, 나의 생활에 대해 이야기를 해주면 "나는 지금 바쁘고, 힘들어. 그리고 할 일이 얼마나 많은데! 내가 그렇게 한 것은 그만한 이유가 있는 거야. 그리고 나는 최선을 다하고 있어!"라고 말했어.

나는 너하고 함께 살고 있었지만 나만, 오직 나만 있었어.

1년간의 육아휴직을 보내고 네 동생 주승이를 춘천 할머니, 할아버지 집에 맡기고 일터로 복귀하면서 엄마는 주말이 되면 춘천에 가야 했어. 태민이, 너와 함께.

주승이를 할아버지, 할머니께 맡겼으니 매주 춘천에 가야 한다고 엄마는 생각했어. 내 아이를 엄마가 직접 키우지 않고 할아버지, 할머니께 맡기고 일하는 게 죄스러웠어. 주말 행사 때문에 그 주에는 춘천에 가지 못하면 다가오는 다음 주말까지 내내 엄마는 마음이 불편하고 온 신경이 쓰였어. 퇴직 후 쉬던 할아버지가 갑자기 몇 개월 출근하게 되면서 할머니는 혼자 주승이를 보는 시간이 길어졌어. 오십견으로 어깨까지 아파서 할머니는 더 힘들어 보였어. 할머니의 모든 아픔의 원인이 다 엄마 탓인 것만 같았어.

주승이를 할아버지, 할머니에게 맡겼던 그 시간 동안 엄마는 마음과 몸이 많이 아팠어.

이런 생각과 이유로 엄마는, 엄마가 아파도, 태민이의 컨디션이 안 좋아도, 아빠가 피곤해도 꼭 춘천에는 가야 하고, 가야만 한다고 생각했어. 그리고 갔어.

아빠가 바빠서 함께 갈 수 없는 날이면 기차 타고 태민이랑 갔어.

매주 그렇게 춘천을 내려가 돌아오는 일요일 밤에 엄마는 주승이를 재우고 깰까봐 조용히 방문을 닫고 쫓기듯 할아버지, 할머니 집을 나올 때마다 너무나 가슴이 아프고 슬퍼서 태민이 모르게 눈물을 흘렸어. 집에 돌아가는 차를 타면 태민이는 "왜 주승이는 같이 안 가? 빨리 데리고 와~" 하고 울었어. 우는 너를 달래며 "다음 주 춘천에 와서 주승이 볼 거야. 울지 마, 태민아……" 했지.

매주 춘천으로 내려가는 금요일 밤 차 안은 앞이 보이지 않은 희뿌연 회색빛 연기가 가득 찬 느낌이었어. 엄마는 주승이를 일주일 만에 보러 가는 기쁜 마음보다 장을 더 봤어야 했나, 할머니가 더 아픈 것 아닌가, 그럼 할아버지, 할머니를 어떻게 뵙지, 할아버지, 할머니가 잠깐 쉴 수 있게 우리 식구가 나가야 할 곳을 생각했어.

그렇게 태민이가 엄마 마음에, 엄마 생각에, 엄마 눈에 없는 2년 6개월의 시간을 보내고 주승이와 함께 살기 시작하면서 엄마 마음 속에 잡고 있던 끈이 끊어지면서 나를, 엄마를 쉬게 하고 행복하게 해주고 싶다는 생각이 들어서 일을 그만두겠다고 결심했어. 일을 그만둔다고 결심한 그 순간에도 엄마의 결정에 태민이는 없었던 것 같아. 오직 엄마만이 있었던 거야.

조금씩, 조금씩 엄마의 일상에 생기가 돌고 여유를 찾기 시작하면서 태민이가 엄마 눈에 들어왔어. 웃는 너의 눈, 조잘조잘 이야기하는 너의 입, 세상에 하나밖에 없는 너의 눈썹, 노래 부르는 너의 목소리, 종이를 접는 너의 손, 뛰어가는 너의 뒷모습. 친구와 모래에 앉아 노는 너의 엉덩이, 치실 해줄 때 본 너의 썩은 이, 주사

맞고 우는 너의 눈물, 피곤해서 코고는 너의 코…… 태민이는 언제나, 항상 그 모습으로, 그 자리에, 엄마에게 있었는데 엄마는 그 시간을 보내고 난 후 너를 봤고, 너의 모습 하나하나가 신기하고 예쁘게 느껴졌어.

그러면서 엄마는 태민이가 수많은 신호를 보냈다는 것을 어린이집 선생님과 태민이 친구 엄마들의 목소리를 통해 들었어.

"많이 안아주세요. 다른 친구들 다 하원하고 혼자 있어요. 낮잠 자는 것을 힘들어 해요. 인형 옷 만들 때 엄마 안 입는 옷으로 만들어 보내주세요. 월요일에는 태민이가 놀이를 힘들어 해요."
"태민이가 주말에 같이 공원에서 놀고 싶대요."
"저희 집에서 같이 놀고 있어요. 천천히 오셔도 돼요."

태민이가 보낸 그 많은 신호를 잡지 못하고 보내버린 것에 대한 미안함, 아쉬움, 안타까움으로 열세 살이 된 너를 엄마는 순간, 순간, 생각하는 것 같아.

빨래를 할 때 태민이 옷에 묻은 물감을 보고 '미술시간에 파란색으로 무엇을 그렸지?'

다 마른 옷을 걷으며 '우리 태민이가 많이 컸네. 바지가 작겠다.'

그곳에 내가 있었다

장 볼 때 '태민이가 좋아하는 삼겹살 구워 먹어야지, 내일은 무슨 간식해주지?'

택배를 기다리며 '태민이가 집에 올 시간인데 왜 안 오지?'

바람 부는 창문을 보며 '옷을 너무 얇게 입혔나. 감기 걸리면 어쩌지.'

자전거 거치대를 보고 '오늘 학교에 잘 갔나.'

아침보다 기온이 오른 날은 '날이 덥네. 반팔 입으라고 할걸.'

키 큰 남학생을 보고 '우리 태민이도 저렇게 커야 하는데' 하고 생각해.

그리고 태민이와 주승이의 어렸을 때 사진을 보면 주승이는 마냥 귀여운 아기 같은데, 태민이를 보면 눈물이 흘러. 학교 상담 가면 주승이 담임 선생님과는 학교생활 잘 하는지, 학습적으로 집에서 보충할 부분에 대해 상담하는데, 태민이 담임 선생님과 태민이에 대한 이야기를 나누면 엄마의 마음은 슬픔과 안쓰러움이 올라와. 태민이가 학교생활 잘하고 친구들과 잘 지낸다는 데도 말이야.

작년 5학년 때 친구에게 맞아 학교에서 많이 울었다는 사연을 하루가 지나 엄마가 알게 된 후 태민이에게 직접 그 사건을 듣고 싶었는데, "엄마 나 괜찮아. 선생님과 이야기했어. 친구가 나에게 사과했어. 진심으로. 엄마 울지 마, 괜찮아. 내가 정리되면 이야기할게. 지금은 말하고 싶지 않아" 했어.

너의 그 말에 2년 6개월 동안 했던 엄마의 행동들이 가슴 아프게 후회되었고 한없이 미안했어.

너에게, 그리고 엄마 자신에게, 이렇게 편지를 쓰면서 엄마의 모든 행동 속에, 지금 순간 순간에, 태민이가 왜 있을까 엄마 자신에게 물어봤어.

힘들고, 버겁고, 피곤한 엄마 자신 스스로를 감당 못해 엄마의 관심과 사랑이 제일 필요할 세 살 때 너의 소중한 감정, 너의 친구들과의 놀이, 너의 안식, 너의 행복함을 철저히 엄마 입장에서만 생각한 미안함과 죄책감을, 야근하는 엄마를 따라 늦게까지 불평 없이, 짜증 없이, 울지 않고, 떼 안 부리며 사무실과 행사장에 같이 간 너에게 고마움을 제대로 말과 마음으로 표현하지 못해서였어.

태민이에 대한 엄마의 눈물과 가슴을 누르는 묵직함은 네 눈을 보고 말하지 않은 그 미안함, 고마움, 죄책감…… 그리고 그렇게 보내버린 시간 동안 듣지 못한 태민이 말들…….

당장 엄마의 눈물과 가슴을 누르는 묵직한 감정을 너에게 이야기하면 태민이는 "괜찮아, 엄마 울지 마" 하고 대답하겠지. 그리고 그 말을 들은 엄마는 더없이 행복할 거야. 그렇지만 그건 엄마의 욕심과 이기적인 마음이란 걸 잘 알아.

지금처럼 매 순간, 순간, 너를 생각하고, 떠올리면서 태민이가 보내는 신호를 잘 보고 놓치지 않을 거야. 감정에, 아픔에, 기준 없는 삶에, 휘둘리지 않는 일상 안에서 우리 태민이와 잘 지내도록 노력할 거야.

하지만 빠른 시일에, 태민이가 더 크기 전에, 그때 정말 고마웠다고, 엄마가 많이 미안했다고 말할 거야. 그리고 감사하다고······.

사랑해, 태민아!

벌게진 눈으로 시끌벅적한 거실로 나왔다.

"태민? 숙제는 했어? 주승이 너는?"

"이놈들~, 지금 몇 신데 잘 생각 안 해! 빨리 잘 준비햇~~!"

"엄마도 쫌 쉬자~."

모윤숙 등대

여성노동문제를 공부하다가 인천여성노동자회

활동을 시작했다. 현재 전국여성노동조합에서 일하

고 있다. 일하는여성아카데미 창립 멤버이기도 하다. 통영, 울산지역에서 8년

간 살았다. 이때 생협 활동을 통해 먹거리, 환경문제, 협동조합 등 다양한 분야

에 관심을 갖게 되었다. 글쓰기 작업을 통해 자유로움을 느끼며 좀 더 나답게

살려고 노력 중이다.

Chapter

09

내 인생은
풀 속에서 노는 카멜레온 같다.
변화무쌍한 환경과 잘 어울리며 인생을 즐길 줄 아니까

행복이란
저녁때 정성스레 차려준 푸짐한 식탁이 나를 위해 준비되는 것
힘들 때 무조건 내 편이 돼주는 친구 하나가 내 옆에서 나를 위로하는 것
외로울 때 나만의 공간에서 갓 내린 커피 한 잔과
읽고 싶은데 미뤄두었던 책을 읽으며 온전히 나에 집중할 때
외롭지만 행복하다.

나에게 행복이란 한마디로
소중한 사람들이 내 옆에서 나를 잘 이해하고 믿어주는 것.

모윤숙 등대

,

나의 페미니즘 변천사,
페미니스트는 어떻게 살아야 할까?

남성중심의 대학문화를 만나다

나는 20대에 페미니즘 투사였다. 대학생이 되자마자 큰 해방감과 자유를 느꼈다. 그동안 억압했던 자유와 열정을 쏟을 곳이 필요했다. 1학년 때 학과대표, 2학년 때는 동아리 부회장, 연이어 부학생회장까지 하면서 여성 리더가 되어 학생회 활동에 적극적으로 참여했다.

그런데 열심히 참여할수록 불만이 생겼다. 모든 것이 남학생 위주로 돌아가는 판이었다. 여학생들은 행사 준비를 도와주는 보조자였고 주인공이 아니었다. 여학생들도 적극적으로 나서지 않았다. 술자리도 예외는 아니다. 똑같이 술을 마시면 여성은 술을 따르면 안 된다, 여자라서 이렇게 해야 한다고 떠들어대는 남자들……. 남자들은 술 먹는 것을 자랑으로 여기면서 여자가 술 잘마시면 뒤에서 수군대는 식의 남녀를 불평등하게 보는 문화에 문제의식을 가졌다.

자연스레 여학생의 목소리를 대변하는 사람이 되었고 여성문제 학회를 만들어 여성학 책을 집중해서 보았다. 페미니즘에 대해 공부하면서 점점 나는 남학생들과 잘 싸우는 운동권 여학생이 되어 갔다. 사회과학 동아리 선배들에게 눈에 띄어 사회과학 책을 열심히 읽고 토론하였다. 그때 읽었던 철학 에세이, 변증법적 유물론 및 자본주의 경제 관련 책들을 통해 가진 자와 없는 자로 구분되는 계급 문제에 눈을 떴다.

여성해방된 사회를 꿈꾸다

내가 "여성해방, 노동해방"이라는 구호를 외칠 때 즈음 소련이 붕괴했다. 현실 사회주의가 몰락한 것이다. 사회주의 사회는 여성의 사회적 참여를 당연시하고 남녀가 평등하다고 한다. 자본주의처럼 성을 상품화하는 일이 없다는 사실이 내가 읽었던 책 속에서는 높이 평가되었다. 지금은 사회주의권 국가의 전체주의적 사고와 자유를 억압하는 문제가 잘 알려져 있지만 그때는 다소 우상화하는 경향이 있었다. 그런데 실제로 사회주의가 몰락하면서 이상향이 사라지자 적잖은 충격으로 다가왔다. 내가 모르는 뭔가가 있지 않을까? 과연 우리들의 구호는 젊음의 패기에서 나오는 허황된 것일까?

우리를 지도했던 선배들은 다들 사라졌다. 세미나와 토론도 거의 하지 않았다. 졸업을 앞두고 다들 취업 준비로 바빴다. 자기 갈 길을 찾아가느라 동기들과도 연락이 되지 않았다. 나는 혼자 남은 기분이었고 앞으로 어떻게 살아야 할지 혼란스러웠다. 좀 더 사회를 알고 싶었다. 사회변혁이 되어야 여성문제도 함께 해결될 것이라는 믿음에 대학원의 여성학과 문을 두드렸으나 실패했다.

이후 대학교를 졸업하고 먹고살아야 하기에 학원 강사로 취직했다. 하지만 계속 이렇게 살고 싶지 않았다. 이 길은 내 길이 아니라는 확신이 들었다. 하지만 학업에만 전념할 수 없는 처지여서 혼자서 여성학 책을 읽으며 마음을 달랬다. 그러다가 우연히 한 여성 사회학자의 글을 읽고 뭔가에 이끌려 무턱대고 사회학 대학원 시험을 봤는데 합격했다.

사회학을 통해 사회를 바라보는 비판적 시각과 따듯한 시선을 동시에 배웠다. 그리고 논문을 쓰면서 알게 된 인천여성노동자회에서 활동가로 일하게 되면서 여성노동문제를 해결하는데 인생의 목표를 두기로 결심했다.

엄마라는 위대한 이름으로

이후 나는 학교 선배와 결혼했고 '30대 초반의 엄마'라는 정체성을 얻었다. 남편은 매일 야근을 해야 하는 직장에 다녔던지라 나는 일과 육아를 병행하기 쉽지 않았다. 그래서 아기를 빨리 낳고 활동에 복귀하자고 생각했다. 그런데 큰 아이와 17개월 터울의 둘째가 생기자 그 계획은 잠시 미루었다.

아이 돌보는 일은 내가 생각했던 것보다 너무 힘들었다. 엄마가 되었지만 엄마로 역할을 제대로 할 수 없었다. 첫애만 있을 때는 몰랐는데 아이가 둘이 되니 쉴 틈이 없었다. 아이들은 제각각 잠들어서 24시간 풀가동하는 생활이 계속되었다.

아이들은 왜 그리도 아픈 날이 많은지, 한 아이가 감기에 걸리면 며칠 지나고 다른 아이가 아파서 수시로 병원을 왔다 갔다 해야 했

그곳에 내가 있었다

다. 그러길 네다섯 번 해야 감기가 지나갔다. 그 당시 아이가 아프면 꼭 내 탓인 것 같아서 마음 졸이고 밤새 열이 오를라 간병하며 여러 번 울기도 했다. 육아 책을 뒤적이며 이렇게도 해보고 저렇게도 해보았는데 지금 돌아보면 잘못된 방법이었던 것도 많다.

정작 생활에 필요한 정보들인데 왜 이런 중요한 것을 미리 가르쳐주지 않을까? 엄마 되기가 이렇게 힘든데 왜 이 사회는 아이를 낳으라고만 하는 거야? 직접 경험을 통해 깨지면서 하나씩 배워나가는 것도 방법이지만 그래도 미리 알려주었더라면 시행착오를 덜 하지 않았을까?

엄마란 특별하지 않아도 누구나 할 수 있는 것이라고 생각했는데 그게 아니었다. 평범한 엄마들이 평범해 보이지 않았다. 우리 엄마가 위대하고 대단해 보였다. 모든 엄마들이 대단하다.

놀이터에서 만나는 동네 엄마들도 나와 비슷했다. 버거운 육아를 혼자 씨름하며 견디느라 우울함이 항상 따라다녔고 자존감이 낮았다. 서로의 집을 왕래하고 함께 아이들을 돌보며 위안을 주고받은 것이 그나마 사는 낙이었다. 퇴근해서 늦게 들어온 남편과도 이유 없이 싸운 날이 많았다. 나는 항상 화가 나 있었고 우울했다.

이런 나에게 새로운 기회가 기다리고 있었다.

여성후보로 선거 도전

2006년 지자체 선거를 위해 여성단체들은 여성후보를 내기 위해 '인천여성정치네트워크'라는 모임을 결성하였다. 여성후보발굴단에 의해 내가 네트워크 레이더망에 걸렸다. 그때 나는 민주노동당 당원이었고 당 활동에도 참여하고 있었다. 여성정치네트워크에 참여하고 있던 여성노조 지부장이 나를 여성후보로 추천했다.

다섯 살, 세 살 아이들이 있어서 선거는 불가능하다며 거절하길 여러 차례 몇 달 후 나는 민주노동당 구의원 비례후보로 선거에 나갔다. 두 아이를 시댁에 맡기고 한 달간 선거운동에 몰입했다. 새벽부터 밤늦은 시간까지 온 동네를 발이 부르트도록 누비고 다녔다. 여성과 아이들이 행복한 세상을 만들기 위해 민주노동당에 투표해달라고 명함을 나눠주며 주민들과 소통했다.

그러나 결국, 낙선했다. 그렇지만 내가 나간 지역구에서 민주노동당이 2위를 하는 선전을 해서 주위를 놀라게 했다. 다른 지역은 2등까지 비례후보에 나갈 수 있었으나 우리 동네는 주민수가 너무 적어 1등만 구의원이 될 수 있었다. 안타깝게 나의 도전은 실패한 셈이다.

그래도 선거 경험을 통해 정치는 이상향을 실험해보는 곳이 아니

그곳에 내가 있었다

라 권력을 잡기 위한 것임을 배웠다. 철저히 준비해야 하고 그 지역에 대해 많이 알이야 한다는 것도 깨달았다. 단지 선언과 열정만으로는 세상을 바꿀 수 없다는 교훈을 얻었다. 보다 내가 잘 할 수 있는 영역을 찾아 좀 더 현실적으로 변화 가능한 분야에 도전해야겠다고 생각했다.

무모했지만 화려한 정치적 도전이라는 경험을 거친 후 나는 교육활동가로 활동을 시작했다. 여성노동자회와 여성노조의 교육 경험을 발판 삼아 일하는여성아카데미에서 여성노동자 의식향상교육 및 의사소통 교육 활동가로 전업했다.

교육활동가로 열심히 살아가고 있을 즈음 나에게 또 변화가 찾아왔다.

주말 부부로 지낸 지 3년이 지난 2011년. 남편이 통영으로 회사를 옮기게 되었다. 우리 가족은 바로 통영으로 이사를 하게 되었다.

더불어 살기 위한 또 다른 도전들

지금은 온 국민이 다 아는 관광도시지만 그때의 통영은 낯설었다.

연고도 없는 낯선 곳에서 잘 모르는 사람들을 사귀려니 겁도 났다. 하지만 특유의 낙천성으로 새로운 도시에 대한 기대감을 가지고 새 생활을 시작했다.

통영은 참 아름다운 곳이다. 짙푸른 바다가 잔잔한 호수 같아 보는 이의 마음을 평온하게 해준다. 바다만 바라보아도 저절로 힐링이 되는 곳, 통영. 우리나라에서 해산물이 제일 싼 곳이 중앙시장일 것이다. 많은 문화예술인을 배출했으며 벽화마을의 시초인 동피랑이 있는 곳이다.

자연이 주는 휴식과 쉼의 여유를 즐기는 것도 잠시, 짧았던 휴식기를 끝냈다. 다시 아이쿱 생협 활동가로 새로운 변신을 시도했다. 40대에 나는 그동안 쌓은 경험과 경력을 떠나 새로운 지역에서 나답게 어떻게 살아야 하나를 고민했다.

그러다가 생협을 알았고, 또 활동가로서의 직업병이 발동했다. 일상생활에서 먹고 쓰기 위해 소비하는 식품과 생활용품들이 기업의 이윤을 위해 소비자의 건강권을 침해한다는 사실을 알게 되었다. 생협 활동가들은 대부분 주부인데 식품안전과 GMO반대 캠페인 등 시민들에게 알리기 위해 열정적으로 활동했다. 생협 활동가들에게서 헌신성을 배웠다. 나에게 그들은 지금도 잊지 못할 사람들이다.

생협활동을 하면서 자연스럽게 에너지와 환경 문제를 만났다. 울산 지역은 부산의 고리·월성 원전과 아주 가깝다. 두 원전 사이에 낀 핵 위험 지대이다. 원전 수명이 30년인데 10년 연장 운행히여 2017년까지 가동되는 고리 원전 1호기. 대부분의 원전 사고가 고리1호기에서 발생하는데도 또다시 10년 연장 운행하겠다는 발표에 울산과 인근 부산 시민들은 분노했다.

지진을 몸소 경험한 나는 지진의 위험지대에 핵발전소가 계속 가동되고 새로 지어지고 있다는 사실에 놀랐다. 우리의 편리함을 위해 모두 쉬쉬하고 있는 이 진실을 목격하면서 탈핵이 우리 사회에서 핵심적인 이슈로 부각되어야 할 중요한 사안임을 알게 되었다. 핵산업의 이해를 위해 시민의 안전은 뒤로 하고 있다는 사실에 탈핵공동행동에 동참하였다. 그 결과 고리원전 1호기는 재가동이 중단되고 영구 정지되었다.

그때 그 현장에 내가 있었다.

페미니즘은 실천을 싣고

지금은 여성노조 활동가로 다시 돌아와 있다. 얼마 전 비혼 페미니스트들과 이야기를 나눌 기회가 있었다. 그들을 보며 20대 때 나와 만나는 것 같아 흐뭇했다. 그런데 그때의 감성으로 지금의 나를 바라보니 뭔가 다르게 느껴졌다.

나의 이야기에는 40~50대 기혼 여성의 넉넉함과 삶의 애환이 녹아 있다. 20대 때의 열정은 많이 식었지만 다양한 활동 경험으로 내가 좀 더 확장되고 넓어지는 느낌이다. 좀 더 다양한 시각과 관점으로 세상을 바라볼 수 있다면 우리는 더 넓은 공동체와 사회로 나아갈 수 있을 것이다.

오늘도 나는 미완성의 페미니스트로 살아간다. 어떻게 나의 50대가 펼쳐질지 기대된다. 여성이 평등하고 평화롭게 살 수 있게, 우리의 삶이 좀 더 나아지도록 좌충우돌 나의 페미니즘 실천 활동은 계속될 것이다.

불편한 효도

　　　　　　　　　　　　　　나는 아버지를 참 많이 닮았다.
겉모습은 엄마를 빼박았으나 성격이나 품성은 형제 중에 아버지와
제일 비슷하다. 급한 성격의 엄마보다 화를 내지 않으며 느긋한 아
버지가 더 편한 걸 보면 말이다.

　자라면서 화내는 아버지의 모습을 본 기억이 없다. 자식들에게
야단을 치거나 간섭도 거의 없다. 가정사에 대해서도 무심하시다.
(아버지의 마음은 모르겠지만 겉모습은) 집안 걱정 없고 근심도 없으시
다. 속을 별로 드러내지 않아서 더욱 그렇게 보인다. 미래에 대해
낙관적이며 태평하시다. 엄마와 아버지의 성격 차이는 부부 싸움
단골 메뉴였다.

대학교 2학년 때의 일이다. 학과 활동과 세미나를 통해 점차 사회에 눈뜨게 된 나는 그때 왕성한 학생회 활동을 했다. 그러면서 점점 귀가가 늦어지고 매일 밤 12시가 넘어서 집에 들어갔다.

그런데 마침 어느 날은 학교에서 밤을 새워야 할 일이 생겼다. 무슨 문제가 생겨서 긴급회의를 해야 하는 상황인데 내가 당사자라 그 자리에 있어야 했다. 바로 집에 전화를 해서 허락을 구했으나 엄마는 안 된다고 했다. 밤 12시까지는 봐주겠으니 서둘러 마무리하고 들어오라고.

그런데 나는 학교에서 밤샘을 하고 이른 아침에 집에 들어갔다. 금기를 깨고 또 선을 넘었다. 밤새 잠도 안 자고 기다리던 엄마는 나를 보자마자 불같이 화를 냈다. 나는 엄마에게 등짝을 맞았다. 태어나서 처음으로 맞은 것 같다. 아프지는 않았지만 눈물이 핑 돌았다. 나는 고등학생 때까지 부모님 말을 어긴 적 없던 모범생 딸이었다. 그때 아버지가 엄마에게 한소리 했다. 자초지종을 물어보지도 않고 애한테 그러면 되냐고, 그럴 만한 이유가 있을 것 아니냐고……. 그때 참았던 눈물이 뚝뚝 흘러내렸다. 아버지라고 딸의 외박을 어찌 다 이해할 수 있었을까? 그때 아버지의 말은 나를 전적으로 믿는다는 메시지였다. 내가 시시콜콜 말하지 않아도 내 사정을 다 이해하는 것 같았다. 누가 뭐라고 나를 욕해도 내 편일 것 같은 아버지. 나를 전적으로 신뢰하고 있다는 느낌이었다. 그때 나는 아빠가 있어서 정말 다행이었고 감사했다.

그런 아버지가 파킨슨 증후군 판정을 받았다. 파킨슨 증후군이란 파킨슨보다 증세가 심하고 진행 속도가 빠른 것이 특징이다. 1년 6개월 전만 해도 의사소통하는데 아무 문제가 없었다. 그런데 지금은 발음도 부정확하고 엉뚱한 소리에 그 누구와도 대화가 잘 되지 않는다. 그래서인지 점점 말씀도 없어지고 인지 장애까지 와서 신경과 치료와 함께 치매 약도 같이 복용한다.

한번은 119에서 온 전화를 받고 여동생이 지하철역으로 갔다. 아버지가 지하철 내 에스컬레이터에서 굴러서 얼굴이 찢어진 것이다. 급히 병원에 가서 응급 처치를 한 후 찢어진 이마를 열두 바늘 이상 꿰맸다. 얼굴에 찰과상과 여기저기 멍이 들었지만 검사 결과 다행히 큰 이상은 없었다. 큰 사고로 이어질 수 있는 아찔한 순간이 두 번은 더 있었다. 그 후론 아파트 산책 정도 말고는 외출은 혼자서 잘 안 하신다. 엄마가 못하게 한다. 하지만 집에서도 잘 넘어져서 무릎과 다리에 멍투성이다. 무게 중심을 잡지 못해 앉았다가 일어설 때 뒤나 옆으로 쓰러진다. 지난 주말에도 집에 혼자 있다가 넘어져서 인대가 늘어나고 손에 멍이 들었는데도 당신은 어떻게 넘어졌는지 잘 모른다.

엄마는 이런 아버지에게 "똑바로 앞만 보고 걸어라" "왜 음식을 제대로 먹지 않고 흘리느냐" "그렇게 하지 마라" "왜 했으면서 안 했다고 우기느냐"며 핀잔을 준다. 친정에 가면 아버지를 향한 엄마의 잔소리는 생각보다 세다. 파킨슨병에 대해 잘 모르는 엄마는 이전과 다른 아버지의 행동을 병이라 짐작하면서도 자꾸 아버지 탓으로 돌린다. 그래서인지 돌보는 일이 점점 더 힘들어지고 아버지 때문에 힘들다고 한다.

나는 8년 만에 지방 생활을 청산하고 올 1월에 친정이 있는 인천으로 올라왔다. 아버지를 자주 보니 아버지의 정확한 병명과 앞으로의 진행 상태를 알아야 할 것 같았다. 올라오자마자 부모님을 모시고 큰 병원에 갔다. 의사로부터 정확한 진단을 받으면 엄마가 아버지의 병을 인정하고 환자로 생각하지 않을까? 엄마도 아버지를 탓하는 마음을 좀 내려놓을 수 있지 않을까? 아버지를 대하는 태도가 좀 더 부드러워지지 않을까 생각했다. 그러나 운동 장애를 아버지의 부주의 탓하는 돌리는 엄마의 판단은 여동생에게까지 전달되어 나를 불편하게 한다.

아빠를 아이처럼 대하는 여동생이 맘에 들지 않아 뭐라고 한마디 하면 언니가 아버지와 살아 보라고 한다. 그동안 떨어져서 아버지를 안 챙긴 죗값을 여동생의 화로 되돌려받는다.

엄마는 아버지가 다치면 아들보다 딸이 편한지 여동생에게 많은 부탁을 했다. 아버지가 다쳤을 때도, 병원에 갈 때도, 항상 여동생에게 전화를 걸어 언제 시간이 되냐고 했다. 비혼인 여동생은 연차를 내고 아버지를 챙겼다. 그래서인지 여동생의 부담과 책임감은 내가 느끼는 것보다 많이 컸다. 주말마다 집에 와서 엄마 대신 아빠의 식사를 챙길 때도 많다. 그래서인지 엄마처럼 아빠에게 "똑바로 앉으세요", "천천히 드세요", "흘리지 말고 드신 다음에 드시라고요" 등 엄마가 아빠를 대하는 모습을 여동생에게서 그대로 본다.

병원 판정 이후에도 사정은 갑자기 달라지지 않았다. 아버지가 아직 몸을 못 가누는 정도는 아니어서 엄마는 낮에 외출을 한다. 점심을 차려놓고 나가지만 그래도 아버지가 혼자 집에 있는 건 신경이 쓰인다. 엄마가 좀 더 세심하게 잘 돌봐주었으면 하는 마음은 뭘까? 엄마가 알면 많이 서운하겠지만 그동안 아버지를 위해 엄마가 한 노고와 여동생의 돌봄에 대해 내가 정말 얼마나 알고 있을까?

한 살, 세 살의 두 아들을 키우는 남동생은 제 앞가림을 하느라 부모님에게 신경을 쓸 여력이 없다. 그동안 여동생이 수고했다는 생각을 먼저 해야 하는데 나는 당장 아버지가 무시당하는 것 같아서 마음이 쓰였다. 그동안 옆에서 지켜보지 못한 미안함 때문에 아무 말도 못했다. 하지만 내 마음은 불편하고 아팠다. 내가 엄마보다 아버지를 닮아서일까? 아버지가 마음에 쓰이면서도 멀리서 아무것도 도와주지 못했다. 친정에 와서도 뭐라 말하지 못하고 옆에서 지켜보기만 하는 내 자신이 무기력해 보였다.

젊었을 때 아버지는 서울에서 양복점을 운영했다. 처음에는 직원들을 여럿 둘 정도로 꽤 잘나갔다고 한다. 1970년대 후반에 기성복이 나오면서 가게를 접었고 큰 외삼촌을 따라 인천에 와서 건축업을 했다. 자본이 없으니 혼자는 못하고 여럿이 동업을 했는데 아버지는 사람이 좋다 보니 항상 동업자의 형편을 먼저 생각했다. 그렇게 몇 번 경제적인 부담이 아버지에게 왔고 손해를 보는 경우가 많아서 엄마를 참 힘들게 했다. 그래도 친구들이 가족보다 먼저였고 가정에 무심하였다. 그렇게 50년 넘게 가장이라는 책임감을 엄마가 짊어져야 했다. 아버지가 예순 이후 주차와 건물 관리 등을 한 8년의 직장 생활로 월급봉투를 받아 왔을 때가 엄마는 살면서 제일 행복한 순간이었다고 했다.

그런 상황에서도 삼남매 대학 보내고 가정을 꾸려온 실질적인 우리 집 가장은 엄마였다. 그래서 우리 삼남매는 아버지를 대하는 엄마의 태도를 이해하지 못하는 건 아니다.

지난 번 병원에 갔을 때 모처럼 아버지와 많은 이야기를 했다.

"너희들에게 부담을 줘서 미안하다."

그곳에 내가 있었다

"뭐가 미안해요. 아프면 병원 와서 진찰받고 약 먹고 나으면 되지."

"이 나이에 빨리 죽어야지 니 엄마 고생 안 시키고……."

"그런 말씀 마세요. 이제 일흔여섯인데 아빠 파킨슨은 완치는 힘들다 해도 죽거나 하는 거 아니니 걱정 마세요."

　좀 더 친절하게 말하지 못했다. 자꾸 미안하다는 아버지의 말이 듣기 싫었다. 그런데 아버지의 미안하다는 말은 많은 메시지를 담고 있었다. 병에 걸려 우리를 고생시켜서 미안하다는 게 첫 번째 의미이다. 그리고 그동안 가장으로서 제대로 역할하지 못한 미안함이 두 번째요, 마지막은 자식들에게 많은 것을 해주지 못한 미안함으로 해석되었다. 복합적이고 총체적인 미안함이었다. 첫 번째와 세 번째 미안함에 대해 나는 전혀 그렇지 않다고 말씀드렸다.

　아주 오랜만에 아버지와 제대로 된 대화를 나눴다. 발음이 정확하지 않아도, 단어 선택이 잘못되어도, 나는 잘 이해할 수 있었다. 아버지에 온전히 집중을 하니 그 마음이 전해졌다. 그동안 어떤 마음이었을지 좀 알게 되었다.

　겉으로 표현하지 않는다고 마음이 없는 것은 아니다. 다만 표현하지 않고 참을 뿐이다. 속으로 삭이는 무언가가 아버지를 더 우울하게 하고 있다는 것을 확인할 수 있었다.

앞으로 아버지의 마음을 더 잘 알 수 있기를 바라 본다. 아버지가 마음의 문을 닫기 않고 다른 가족과 소통을 이어가기 위한 방법은 무엇이 있을까? 아프지만 좀 더 존엄성을 유지하면서, 남은 생을 지켜 나가기 위한 방법을 무엇일까? 다른 가족은 이를 위해 무엇을 어떻게 도와야 할까?

가족 관계에서 자꾸 섬같이 멀어지는 것 같은 아버지의 뒷모습이 무척이나 짠하다. 물리적인 거리가 가까워진 만큼 앞으로 아버지와의 심리적인 거리도 좀 더 가깝게 되기를 기대한다.

나도 아버지를 응원하는 든든한 버팀목이 될 것이다. 무조건 나를 믿어주고 든든한 지원군이 된 그때의 나의 아버지처럼. 나는 아버지를 많이 닮았으니까.

아빠에게

아버지보단 아빠라고 부르는 게 더 편하고 더 가깝게 느껴지는 우리 아빠~.

아빠의 병세로 점점 말수도 적어지고 우울하게 지내는 건 아닌지 좀 걱정이 돼요. 8년 동안 멀리 울산에 살면서 명절 외에는 자주 찾아뵙지 못했어요. 다행히 올해 인천으로 이사를 와서 얼마나 기쁜지 몰라요.

이제 엄마 아빠가 계시는 인천에 왔으니 자주 찾아뵙고 살펴드릴 수 있구나. 효도할 수 있겠구나 마음먹었는데 혹시 제 방식이 아빠를 언짢게 한 건 아닐까 걱정이 돼요. 아빠와 대화를 통해 허락을 구하지 않고 아빠를 병원에 모시고 다니면서 건강 검진부터 서둘러 했던 제 행동에 혹시 불편해하진 않았을까 자신을 반성해봅니다.

출근 날이 잡히고 시간이 없을 것 같다는 건 핑계겠죠. 시간 날 때 아빠의 병을 진단받고 등급 판정을 받아야 이후 어떠한 상황이 오더라도 대안을 마련할 수 있겠지 하는 생각이 든 것도 사실이니까요. 그런데 그 과정에서 아빠와 진지하게 이야기해보고 상의해보고 물어보고 하는 과정이 먼저여야 하는데 너무 쉽게 제 생각만 한 것 같아요. 이게 아빠를 위하는 것이다, 라고 결론짓고 서둘렀던 제 마음을 되돌아보니 아빠에게 너무 죄송해요. 아빠가 병원에서 하신 말씀을 듣고 깨달았죠.

"너희들과 엄마 힘들게 하지 말고 빨리 죽어야지. 아빠가 해준 것도 없는데."

그 말이 제 마음에 걸리는 이유는 아마도 아빠의 병을 문제로 보고 해결책부터 마련하려는 성급한 마음을 들켜버렸기 때문일 거예요. 그 말을 듣는 순간 깨달았어요. 병원을 왔다 갔다 하는 동안 아빠는 얼마나 힘드셨을까? 그동안 나는 왜 아빠의 마음은 뒷전이고 엄마와 우리들이 안을 부담과 고통을 먼저 생각했을까? 제 자신이 너무 이기적이었구나 하는 생각이 들었어요.

아빠, 정말 죄송해요. 주말마다 와서 아빠와 산책도 하고 말벗이라도 해드리려 했는데 피곤하다는 이유로, 아이들 핑계로, 자주 찾지 않는 큰딸에게 많이 서운하시죠? 말은 안 하지만 아빠는 아마 화가 나는데 이를 표현 안 하고 이해하려니 우울증이 생기는 게 아닌가 해요.

아빠 그거 알아요? 나 대학교 2학년 때 외박했는데도 아빠는 화내는 엄마 편들지 않고 끝까지 나를 믿어준 거 기억하세요? 그때 아빠의 믿음으로 제가 얼마나 든든했는지 모르실 거예요. 사람의 행동에는 항상 그럴 만한 이유가 있을 거야, 라는 아빠의 태도는 저에게 사람을 어떻게 대해야 하는지 큰 배움을 주었어요. 항상 다른 사람을 이해하려는 포용력과 수용력은 아빠에게 물려받은 자산인 걸요. 사람을 의심하기보다 먼저 믿고 신뢰하는 태도 또한 아빠를 닮았어요. 다른 사람의 모난 면보다 장점을 먼저 보는 게 제 강점인 것 같아요.

그곳에 내가 있었다

가부장적인 아버지 때문에 상처받는 우리 세대의 딸들에 비해 제가 얼마다 아빠를 잘 만나 복 받았는지 감사하다고 한번도 말한 적이 없는 거 같네요. 아빠가 제게 주신 자산은 물질적인 것보다 더 고귀하고 가치가 높은 것들이 이렇듯 많아요. 아빠가 제 아빠여서 정말 감사해요.

초등학교 1학년 때 산수 시험을 봤는데 아마 뺄셈 문제를 죄다 틀렸던 것 같아요. 빨간 빗금으로 도배된 시험지를 보고 아빠는 그날 녹색 칠판을 사왔죠. 그날 아빠랑 같이 뺄셈을 배우면서 공부한 기억이 나요. 그때도 아빠는 야단치지 않았어요. 그렇게 하기가 얼마나 어려운 것인지 제가 우리 아이들에게 수학을 가르쳐보니 알겠더군요. 그 이후 제가 수학에 재미를 붙이고 잘하게 된 것 같아요. 초등학생 때부터 친구들이 수학 문제를 물어보면 잘 가르쳐주었거든요.

아빠와의 추억이 새록새록 기억나네요. 아빠와 이야기 나눌 수 있는 시간을 좀 더 만들어볼게요.

1년 사이 갑자기 달라져서 아빠도 많이 걱정되고 당황했지요? 마음이 괴롭고 아픈 거 다 알아요. 그렇지만 아빠 포기하지 말아요. 지금보다 조금만 더 건강을 위해 함께 애써요. 아무리 아프고 아빠를 돌보는 일이 힘들다 해도 우리 아빠잖아요. 아빠가 우리 곁에 오래 계시길 그 누구보다 간절히 바라요. 아빠가 우리 곁에 안 계신다는 건 아직 상상할 수도 없어요.

30대에는 아이 둘 키우느라 정신이 없었고 40대에는 멀리 떨어져 사느라 아빠와 함께 제대로 돌아다닌 적도 없고 여행 한번 가지도 못 했잖아요. 아빠 딸이 이제 쉰 살을 앞두고 있어요. 이제 나의 50대 버킷리스트에 '부모님과 여행하기'를 넣을 거예요. 아빠, 제 버킷리스트 도와주실 거지요? 이제 옆 동네에 와서 자주 볼 수 있게 된 게 몇 달 밖에 안 됐잖아요. 아빠 하고 싶은 거 저와 함께 해봐요.

옆에서 엄마와 우리들이 도와드릴게요. 덜 아프고 덜 힘들게 병과 함께 지낼 수 있는 방법을 찾았으면 해요. 아빠 힘내세요. 그리고 사랑합니다.

아빠를 누구보다 사랑하는 큰딸이.

그곳에 내가 있었다

양향옥 자유

20~40대를 인천여성노동자에서 어슬렁거리며

장기 회원으로 투숙하고 있다. 언제쯤 방을 빼면

좋을지 염탐하고 있는 중이다.

30대 중반부터 9년 동안 일하는여성아카데미에서 교육활동가로 일했다. 자기

의 이유를 찾고자 지금은 백수를 지향하는 삶을 살고 있다. 내년에 산티아고 순

례길을 걷기 위해 일주일에 다섯 번 만보를 걸으려고 노력하고 있으며, 나만의

공간인 집 안에서 영화를 보고, 독서하고, 글쓰기하며 노는 삶을 즐기고 있는

한량이다.

내 인생은
한글을 배우는 어린아이와 같다.
배우고, 읽고 그리고 쓰고

행복이란
저녁때
한가로이 이른 저녁을 먹고 가족 넷이 둘러앉아 고스톱을 치며
깔깔깔 웃는 것
힘들 때
꼴리는 대로 땡깡을 부리거나 힘든 일에 대해 울면서 이야기
나눌 사람이 있다는 것
외로울 때
혼자 조용히 책을 읽거나 영화를 보며 감성에 젖어 마음을
다독다독 위로하는 것
나에게 행복이란 누군가와 함께 하는 것.
혼자만의 평화로움을 누리는 것.

양향옥 자유

,

돌봄노동의 끝판왕은?

　　　　　　　　박씨. 착한 흥부에게 제비가 물어
다준 금나와라 뚝딱하는 박씨가 아니다. 우리 할머니 이름이다. 성
은 박가요 이름은 씨.

　할머니가 기억하는 자신의 이름은 박금순이지만 주민등록상 이
름이 박씨다.

　왜 그리 되었는지 어림짐작만 할 뿐 속내를 정확히 알 수는 없다.

　할머니를 금순아~, 라고 불러줄 친구나 부모님이 있는 것이 아
니기에 금순이라는 이름은 이 세상에서 쓰이고 있지 않다. 유명무
실, 무용지물인 셈이다. 병원에 가거나, 주민센터에 볼일이 있을
때 박씨라는 이름으로 불린다. 담당자는 머쓱한 표정을 지으며 으

레 할머니 얼굴을 한번 더 쳐다보곤 한다.

할머니는 한글을 모른다. 그래서 당신 이름을 쓰지 못한다. 숫자를 읽거나 쓸 줄 모르고 작동법을 몰라서 엘리베이터를 혼자 타고 내리지 못한다. 슈퍼에 가서 물건을 사거나 계산을 하지도 못한다. 지금까지 혼자 목욕탕에 다녀온 적도 없다. 겨우 재래시장에 가서 콩나물 1,000원어치 두부 한 모 살 정도다.

그럼에도 불구하고 아흔넷이 되신 할머니는 지금까지 혼자 사셨다.

오늘도 새벽 6시부터 전화를 했다.

"아이, 칼이 없어졌어. 도둑이 들어왔는갑써."

"할머니 잘 찾아보면 있을 거야."

"없어, 없당께 그러네."

전화를 끊고 나면 바로 또 한다.

"머리 빗는 빗이 없어."

"할머니 머리가 짧으니까 손으로 슥슥 빗어 넘겨. 내가 담에 갈 때 빗 꼭 사갈게."

"잉~!"

대답을 하며 전화를 끊는다.

그곳에 내가 있었다

다음 날, 또 똑같이 반복이다. 하루에도 이런 전화를 여러 통 받는 나. 할머니의 컨디션이 좋지 않은 날이나 내가 늦잠자느라 전화를 받지 않는 날이면 불안 증세가 더해서 1분 간격으로 스무 통 이상 전화를 한다. 나는 언제나 친절할 수가 없다. 친절하기에는 예전부터 마음속에 한자리 차지하고 앉아 있는 밴댕이 소갈딱지가 스멀스멀 올라온다. 미쳐버릴 것 같다. 부재중 전화가 스무 통 이상이면 마음이 갑갑하고, 할머니가 원망스럽고 미워진다. 그럴 때 휴대전화 액정에 할머니의 전화가 뜨면 외면하고 싶어 뒤집어놓는다.

작년 여름이었다. 나는 할머니의 전화를 수신 차단한 적이 있다. 할머니를 고의적으로 차단하는 것이 창피해서 누구에게도 선뜻 말하지 못했다. 어디라도 도망가고 싶었고, 내 마음 편하자고 한 행동이었지만 오히려 불편한 마음은 배가 되어 나를 괴롭혔다.

남편은 조심스럽게 나에게 말했다.

할머니가 사시면 얼마나 산다고 그러느냐. 니가 좀 고생하면 되지. 여태 잘 해놓고 욕먹게 왜 그러냐? 구십 넘으신 노인네한테 그러는 것은 니가 잘못하는 거다. 내가 더 잘할 테니 같이 노력해보자고 했다. 내가 전화를 받지 않으니 할머니는 불안한 마음과 나에 대한 서운한 마음을 동생에게 쏟아부었다. 일하는 동생에게 지장이 있을 만큼 끝없이 전화했다. 나는 "제발 전화는 받으라"는 동생의 구시렁거리는 소리도 할머니의 서운하고 불안한 마음도 애써 모른 척했다.

그저 그렇게 수신 차단의 그 불편한 마음을 견디고 싶었다. 이렇게라도 해서 할머니와 분리되는 경험을 해봐야 했다. 그렇지 않으면 할머니를 정말 미워하거나 어디론가 도망칠 수 있겠다는 생각이 들어서 마지막 반항이다 생각하고 작정했다.

할머니는 옛날에 결혼을 했는데 아기를 낳지 못해서 쫓겨났다고 한다. 그래서 어린 자식이 넷이나 있는 홀아비인 우리 할아버지와 재가했다. 엄마가 아버지와 결혼을 했을 때 열두 살 차이밖에 나지 않는 젊은 시어머니였다.

내가 기억이라는 것을 하기 시작할 때 할아버지와 아버지는 이미 세상을 떠난 후였다. 어린 시절부터 쌍과부 집인 우리 집. 엄마는 농사철에는 농사일, 농한기 때는 보따리에 동백기름을 넣고 장사를 나가 보름씩 집에 오지 않았다.

할머니는 부모의 공백을 채워주었다. 꼴을 베러 나갈 때는 언제나 동생과 나 둘 중 한 사람을 데리고 갔고, 봄이면 냉이나 쑥을 캐러 데리고 다녔고, 학교 운동회 날이면 곱게 한복을 입고 오셨고, 비가 오는 날이면 십 리 길을 우산을 들고 마중 나와 주었고, 엄마에게 혼나는 날이면 옆에 와서 엉덩이를 토닥토닥 하며 달래주었다. 또한 잔칫집에 다녀오면 호주머니에 먹을 것을 싸와서 우리에게 건네주곤 했다. 엄마가 이미 고인이 된 아버지를 대신해서 생계를 책임졌다면, 할머니는 엄마가 되어 우리를 돌봐주었다. 20년 전 엄마가 환갑의 나이에 간경화로 세상을 떠나자 일흔셋 된 할머니 돌봄은 손자, 손녀인 우리들의 몫이 되어버렸다. 우리는 그 상황을 당연하게 받아들였다.

결혼 전까지 할머니와 살았던 남동생은 결혼 후 일주일에 한 번씩 17년째 방문하고 있다. 시어머니와 함께 살았던 나는 혼자 사시는 할머니에게 미안해서 매주 반찬을 해서 가져다주기를 몇 년간 했고, 근처에 살고 있으면서 무슨 일이 생기면 가장 먼저 달려갔다. 여동생은 할머니를 모시고 목욕탕에 가고 급한 일이 있을 때마다 자동차로 이동을 도맡아 했다. 이런 우리 덕분에 할머니는 "저 노인네는 무슨 복이 있어 자식도 아닌 손주들이 저렇게 잘하냐"는 소리를 들으며 주변 할머니들의 시샘을 종종 받았다.

우리들이 서서히 지쳐가고 있을 즈음인 작년 가을부터 할머니에게 치매 증상이 나타나기 시작했다. 걱정이 되었던 우리는 할머니를 모시고 보건소에 검사를 받으러 갔는데 이미 눈치를 챈 할머니가 아주 열심히 대답을 해서 진단 내리기가 어려웠다. 그래서 더 큰 병원에 가서 검사를 받아 보면 치매 진단이 나올 것이라고 예상하고 대학병원에 예약했다. 3개월을 기다린 끝에 MRI 검사를 받을 수 있었다.

치매 검사 결과는 아주 양호했다. 대학병원 의사는 이렇게 건강한 분인데 왜 치매 진단을 받으려고 하느냐며 진행 상황에 대한 경과를 지켜보고 싶으면 2년 후에 다시 오라고 했다.

결과와 달리 일상생활은 치매 증상의 모습이 비일비재하게 보였다. 당신이 매일 먹는 약을 전자레인지 안에 숨기고는 없어졌다 하고, 한쪽에 잘 두었던 주민등록증도 이불 속에 꼭꼭 숨겨놓고는 동생이 가져가서 없다고 했다. 또한 손녀, 손자들과 증손녀 증손자들을 구분 못하신다. 아들만 하나인 나에게 "니가 딸이 둘이냐? 하나냐?" "자는 누구 아들이냐?"며 똑같은 질문을 수없이 했다.

어느 날은 머스마 둘이 집에 왔는데 자다가 갑자기 싸우더니 나가서 안 들어온다는 식의 엉뚱한 이야기를 했다. 가쁘게 숨을 몰아쉬며 흥분해서 그들을 찾으러 나가려는 것을 이웃이 붙잡고 있다는 연락을 받고 밤 9시에 할머니를 모시러 가야 했다.

할머니를 혼자 둘 수도, 누군가가 책임을 지고 맡을 수도 없었다. 아니 정확히 말하면 더 이상의 돌봄노동을 떠안을 자신이 없었다. 대학병원 의사는 우리가 빨리 치매 진단을 받아서 할머니를 요

그곳에 내가 있었다

양원에 보내고 싶어 안달하는 사람들로 취급했다. 기분이 상했지만 솔직히 말하면 그런 속마음을 들켜서 기분이 더 나빴는지도 모른다.

나는 더는 물러설 곳을 찾지 못하고 할머니를 모시고 집으로 왔다. 하루 종일 거실 소파에 앉아서 화장실만 겨우 왔다 갔다 하는 할머니의 지루함을 덜기 위해 그동안 손 놓고 있던 반찬 만들기에 도전했다. 거실에다 꽃분홍색 돗자리를 깔고 김치를 담그기 위해 얼갈이를 다듬고, 오이를 칼집을 내서 소금에 절이고, 깻잎을 씻어 차곡차곡 쌓았다. 그러는 와중에 세끼 꼬박꼬박 챙기는 일은 생각보다 고됐다. 할머니는 휴무일이라서 집에 있는 남편을 보며 "사우가 있응께 불편허제"라며 자주 이야기했다. 할머니 눈치 볼까봐 일부러 옆에 앉아 이런저런 이야기를 하던 남편은 안방에서 나오지 못하고 갇히는 신세가 되어버렸다.

또 다른 선택을 해야 했다. 다시 등급을 받을 수 있는 병원을 알아보고 심사 결과가 나오는 동안 요양원도 찾아보았다. 친구의 소개를 받고 시설장이 어르신들을 대하는 마음이 정성스럽고 직원들 처우도 잘해주고 있다는 인천의 한 요양원에 가보았다. 그 요양원은 시내 한복판 상가 건물이 즐비한 곳에 자리 잡고 있었다. 밝고 아늑하며 깨끗한 곳이지만 구조상 한번 입소하면 당신 스스로 신발을 신고 나올 수 없는 곳이었다. 세상의 브랜드는 총 집합해놓은 듯 온갖 먹거리 가게가 가득하고 수많은 사람이 오가는 곳 3층에 덩그러니 자리 잡은 요양원은 세상과 단절되어 있는 하나의 섬 같았다.

경기도 안성에도 다녀왔다. 산속에 있어 전망이 좋다는 요양원인데 여기는 또 다른 섬이었다. 아무것도 보이지 않고 사방이 오직 초록 나무들만 가득했다. TV에서만 봤던 정신병원을 연상시키는 어두침침한 긴 복도, 위아래 짝이 맞지 않은 환자복을 대충 걸쳐 입은 어르신들과 어딘가에서 배달되어 오는 점심 도시락을 보면서 도망쳐 나오듯 그곳을 빠져나왔다.

가슴이 먹먹했다. 아주 많이 슬펐다. 죄책감이 파도처럼 밀려왔다. 톡 건드리기만 해도 눈물이 줄줄 흘렀다. 밥 먹다가 울고, 샤워를 하다가도 울고, 동생과 통화하다가도 울고 또 울었다.

그리고 마지막으로 찾은 시립요양원. 이사한 지 3개월이 되지 않은 우리 집에서 3킬로미터 거리에 있었다. 다행히 그곳은 마당이 있고, 어르신들이 자유롭게 산책할 수 있는 작은 정원도 있고, 다양한 프로그램이 진행되고 있었다. 어느 정도 거동이 가능한 어르신들끼리 방 배정을 해준다고 했다.

드디어 할머니는 치매 진단과 시설 등급 4급을 받았다. 그곳에 입소 대기 신청을 해놓고 기다렸다. 우리는 서로 일정을 조율하면서 할머니를 돌보고 있었다. 입소를 기다리며 일주일 동안 할머니를 모시고 와서 마지막 효도라 생각하고 정성을 들였다. 그동안 좋아하셨던 음식들을 만들어 드리고 다 같이 모여 고스톱 치며 놀고 산책하고 외식하며 충분한 시간을 보냈다. 입소할 요양원에 언제쯤 자리가 날지 매주 한번씩 전화를 하며 두 달을 기다린 끝에 입소 확정이 되었다.

당신은 혼자서 생활이 가능하고 요양원 입소는 죽으러 가는 길이라고 알고 있는 할머니. 집에서 가까우니 내가 날마다 그곳에 가겠다고 약속하며 설득했다. 심리적, 물리적 분리의 꿈이 이렇게 이루어졌다.

막상 그곳에 도착하니 할머니는 "사람이 많응께 괜찮구만……" 하며 걱정하지 말고 가라고 손짓을 하신다. 할머니는 어쩌면 사람이 그리웠는지도 모르겠다. 그리고 그곳에서 '금순 할머니'라는 이름을 얻었다.

돌봄노동의 끝판왕은 요양원인가 보다.

’

아버지께

　　아버지…….

제가 태어난 지 18개월 되던 때에 홀연히 홀쩍 떠난 아버지.

　아장아장 걸음마를 배우고 엄마, 아빠라는 단어를 하나둘 말하던 때이니 어쩌면 그때 저는 아버지를 "아빠"라고 불러보았을지도 모르겠습니다. 하지만 저의 기억 속에 '아버지'는 존재하지 않았습니다.

　존재하지 않는 것에 대한 무지함이 애틋함이나 그리움으로 표현되지 않았습니다.

　우리는 집에서 가족끼리 모여 아버지에 대한 이야기를 단 한 번도 나누어본 적이 없어요. 힘겹게 고생하며 하루도 돈 걱정에 맘 편할

그곳에 내가 있었다

날이 없는 무뚝뚝한 엄마에 대한 예의라고 생각해서였는지 아버지를 기억하는 언니 오빠조차도 가족 비밀처럼 꼭꼭 숨기며 아버지에 대한 이야기를 하지 않았습니다. 집에서 암묵적으로 표현하면 안 되는 금기어가 되어 한 번도 소리 내어 불러 보지 못했습니다. 그래서일까요? 아버지라는 단어는 늘 낯설고 생소했습니다.

시골 집 벽에 몇 년째 걸린 제복을 입은 잘생긴 아버지의 모습이 궁금하긴 했지만 누구에게 물어봐야 할지 몰라서 침묵으로 받아들였습니다. 친구들이 "우리 아빠는 말이야"라며 자기 아빠에 대한 이야기를 해도 무심코 들었습니다. 수없이 상상하며 지내던 어린 시절에도 '우리 아버지 이런 사람이었을 거야'라며 아버지에 대한 모습을 그려 보지 못했습니다.

아버지 장례식 때 "잔치인 줄 알고 쌍둥이 저것들이 마당을 폴짝 폴짝 뛰놀며 좋아라 하등만 이만큼 컸네" 하시던 동네 아주머니들의 지나간 이야기 속에 섞인 안쓰러운 표정과 혀를 끌끌 차던 모습들이 오랫동안 마음속에 상처가 되어 아버지의 부재는 수치심으로 자리 잡고 있었습니다.

중학교 2학년 때입니다. 학교에서 장한 어머니상 후보에 오른 어머니에 대해서 음악 선생님이 아이들 있는 곳에서 이것저것 물어보더니 그럼 "막내가 유복자냐?"라며 질문한 것도 저에게는 아픔이었습니다. 그날 처음 알았거든요 유복자의 의미를⋯⋯.

　이렇게 아버지 존재에 대한 그리움도 모른 채 살다가 따뜻한 온기를 가진 사람을 만났습니다. 그가 아들의 아버지가 되어 자식을 지극히 사랑하는 모습을 보면서 아들이 부러웠습니다. 확연하지 않았던 아버지의 존재가 조금씩 보이기 시작했습니다.

　결혼을 하고 아이를 키울 때 할머니께 들었습니다. 쌍둥이인 저희가 아버지의 양손을 잡고 동네 구판장으로 끌고 가면 허허 웃으며 과자를 사주었다고요. 그것이 아버지에 대해 처음으로 알게 된 행복한 이야기였습니다. 물론 그 시절을 기억하지는 못하지만 그 이야기는 '아~ 나에게도 아버지가 있었구나' 하며 가슴 따뜻하게 품을 수 있는 온기가 되었습니다.

　따사로운 햇살이 강한 바람을 이기듯 아버지에 대한 추억 한 토막으로 인해 얼음장 같던 제 마음이 서서히 녹고 있었습니다. 어린 아이의 치기처럼 막연한 그리움마저 없다고 생각한 것은 어디까지나 착각이었고, 생각이었나 봅니다. 지금 아들을 낳아 키우며 부모의 입장이 되어 보고, 아들의 아버지를 보면서 아주 가끔씩 내 아버지가 어떤 사람이었을까? 궁금하기도 하고 막연히 그립기도 합니다.

제가 아버지를 가장 깊게 만난 건 죽음 명상을 통해서였습니다.

언제나 18개월의 어린아이 입장에서 아버지를 인식하고 살았다면 명상을 통해서는 40대 초반의 아버지 입장이 되어 바라볼 수 있었습니다. 한참 일할 나이였던 아버지는 논을 사는 문제로 신경을 많이 쓰고 있었고 어느 날 마루에 나오다가 쓰러졌다고 했습니다. 며칠 병원에 입원하고 집에 와서 임종을 맞이한 아버지. 열다섯 살, 열세 살, 아홉 살, 세 살 쌍둥이들, 그리고 배 속에 아이까지 있는 서른여섯 살의 아내를 두고 삶을 마감하는 그 순간 당신의 마음은 어땠을까요? 느닷없는 죽음에 얼마나 당황하고 얼마나 억장이 무너졌을까 싶어 가슴을 송곳으로 찌르는 듯한 통증과 숨이 턱턱 막힐 것 같은 아픔에 하염없이 많은 눈물을 흘렸습니다. 아버지의 절절한 아픔이 온몸으로 느껴졌습니다.

얼마 전, 치매 증상이 있는 할머니의 주민등록증을 찾느라 언니랑 동생들이 할머니 집을 홀딱 뒤집는 과정에서 아버지의 사진을 여러 장 발견했습니다.

지금껏 한번도 본 적이 없는 사진을 보면서 우리는 무슨 보물이라도 발견한 것 마냥 신나 하며 기뻐서 서로 마음에 드는 사진을 나누어 가졌습니다.

"하하하, 호호호, 우와!"

다 쓰러져 가는 초가집 앞에서 까만 뿔테 안경을 쓰고 자전거를
잡고 서 있는 훤칠한 아버지.
"맞아, 맞아요. 우리 엄마가 인물에 반했다니 그럴 만했어요."

사진 뒤에 '월미도 파이프 공장 앞에서'라고 쓰여 있는데 자동차
위에 삐딱하게 앉아서 제임스 딘처럼 폼 잡고 찍은 모습.
오호~, 멋을 아는 분이구나.

친구들과 물놀이 가서 수영복 차림으로 장난기 가득한 얼굴로
환하게 웃으시는 모습.
유쾌한 분이구나.
즐거움을 아는 분이구나.

아버지의 색다른 모습은 황무지에 꽃이 한 송이, 두 송이 피어나
듯 저에게는 기쁨이기도 하고 신선한 충격이기고 하고 즐거움이기
도 했습니다.

작년 가을 고모를 모시고 양씨 자매 셋이 제주도 여행을 갔습니다.

우리는 이제야 고모에게 아버지는 어떤 분이었는지 물어보았습니다. 고모가 기억하는 아버지, 언니가 기억하는 아버지가 다르더라고요. 그것도 재미났습니다. 아버지의 다양한 모습을 알게 되었으니까요.

이제 아버지에 대한 이야기를 한 올 한 올 주워 담았으니 잘 엮어 나갈 수 있을 듯합니다. 당신을 주인공으로 많은 상상을 할 수 있을 것 같습니다.

아버지를 기억할 수 없다 하더라도 마음으로 품을 수 있게 되었습니다. 아버지가 존재했기에 제가 이 세상에 쌍둥이로 태어나 이만큼 잘 살아 왔으니 그것만으로도 참으로 감사합니다.

아버지가 그리울 때마다 듣는 노래가 있습니다. 사랑합니다. 아버지.

> 내 그리움이 닿지 않는 곳에는 항상 그대가 있었네
> 미움인지 더 진한 사랑일지도 모르는 맘
> 내 기다림을 알고 있나요 항상 그대를 기다리는 맘
> 내가 있어 그대가 행복한지도 궁금합니다
> 아버지 내 아버지 그 이름을 부르고 싶어

양향옥 자유

내가 당신께 무엇인지도 알고 싶어 부르는 맘

아버지 내 아버지 그 사랑을 부르고 싶어

사랑합니다 이런 마음들은 눈물이 되어 갑니다

내 기다림을 알고 있나요 항상 그대를 기다리는 맘

내가 있어 그대가 행복한지도 궁금합니다

아버지 내 아버지 그 이름을 부르고 싶어

내가 당신께 무엇인지도 알고 싶어 부르는 맘

아버지 내 아버지 그 사랑을 부르고 싶어 사랑합니다

이런 마음들은 눈물이 되어 갑니다

사랑합니다 이런 마음들은 눈물이 되어 갑니다

박강수 노래, 〈아버지〉

그곳에 내가 있었다

에필로그

우리는 지금
여기에 함께 있다

　　　　　　　그리 바쁘게 살지도 않았으면서, 그
리 치열하게 살지도 않았으면서, 언제부터인가 일을 하나둘씩 놓
기 시작했다. 내가 만나는 일상과 오랫동안 맺고 있던 관계 속에서
빠져나와 다른 걸음을 옮겨 보고 싶다는 욕구에 충실하기로 마음
먹었다.

　여성활동가의 삶에서 한걸음 뒤로 물러나 있던 나는 작년 11월
제주도에 여행 가 있는데 (사)일하는여성아카데미를 운영하고 있
는 이원아 언니의 전화를 받았다. 성평등 노동운동을 하는 여성활
동가들과 함께 '삶에 대한 치유 글쓰기'를 기획하고 있는데 동참해
주었으면 좋겠다고 했다. 나의 시선은 가을날 붉게 물든 노을을 벗
삼아 바람결에 이리저리 흔들리는 산굼부리의 갈대에 꽂혀 있었지

만 마음은 '할까? 말까?'를 고민하며 머뭇머뭇하고 있었다. 하지만 빠져나갈 구멍을 찾지 못했다. 안 하겠다거나 못하겠다고 뺄 수 없었다.

여성활동가들이 자기 삶에 대한 이야기를 말이 아닌 글로 발설하면서 내면과 만나는 작업은 거절하지 못할 정도로 매력적이었고 그만큼 유혹이 컸다. 1980~1990년대를 이어 지금까지도 여성운동, 노동운동으로 '가열차게' 살아온 그녀들의 이야기를 만나고 싶었다.

2019년 3~4월 글쓰기모임을 하는 매주 화요일은 화사한 봄날 꽃구경도 마다하고 신발 한번 신지 않고 집 안에서 칩거 생활을 즐기던 나의 일상에서 유일하게 외출하는 하루가 되었다.

글쓰기 시간, 일하는여성아카데미 모임방에 도착하면 김밥 한 줄씩 건네받는다.

한 손에는 김밥을 들고 한 손으로는 글을 쓰기 시작한다. 어제 일도 까마득히 오래전 일인 듯 가물가물한 갱년기 증세를 공통으로 겪고 있는 우리들은 일주일 동안 자신의 일상에서 일어났던 상황들을 목록으로 적는다. 그리고 지난 한 주를 하나의 단어나 문장 또는 키워드나 정서적 반응이 일어났던 상황을 중심으로 10분 글

그곳에 내가 있었다

쓰기를 시작한다.

지방에서 8년 동안 느린 삶을 살다 온 등대는 3월부터 인천에서 서울로 전철을 타고 출퇴근한다. 바삐 움직이는 사람들을 보고 적 잖은 충격을 받았고 그들을 보며 덩달아 분주해진다고 했다. '우리 가 그렇게 바삐 살아가고 있구나'라며 저마다 자신의 삶의 속도에 대해 생각했다.

엄마와 둘째 아이에 관한 글을 쓰다 보니 의외의 내용을 쓰게 된 다는 '리나'는 아련한 엄마와의 추억 한 토막이 떠올랐고 밥상을 차 려준 둘째에게 고마운 마음 그 너머에 엄마로서 챙겨주지 못한 미 안함이 있었다.

친언니들과 소풍 다녀온 '파드마'의 향긋한 봄나물 소식에 침이 꼴 깍꼴깍 넘어갔고 봄날의 화사함과 싱그러움을 만났다.

"과연 친구들과 여행을 갈 수 있을까?" 라는 주제로 글을 쓴 '푸 카'의 이야기에 하하하 호호호 친구들과 즐거운 여행을 잠시 꿈꾸 기도 했다.

한편 '안나'는 "지난주를 되돌아보니 나를 돌본 건 피자 세 조각 먹고 배가 아파서 약 먹은 것이 전부야"라고 했다. 살아가는데 가 장 필요한 것이 공기이지만 사람들이 그 중요성을 모르고 사는 것 처럼 자신이 "공기처럼 일하고 있다"고 말하는 것이 씁쓸하게 들렸다. 안나 이야기가 우리 모두의 사연임을 알아차렸다.

우리는 그렇게 하루의 일상을 기록을 통해 만났다. 다른 사람들의 일상을 들으면서 나의 일상을 만나고 나의 일상을 다른 사람에게 이야기하면서 마치 하나인 듯 느꼈다. 함께하는 그 시간이, 그리고 그 공간이 참으로 따스했다.

박미라 선생님은 그간의 짧은 글쓰기 훈련을 마무리하며 '나를 전면으로 내세워서 내가 주인공이 되는 일화'를 써오라고 숙제를 내주었다. 숙제라는 느낌을 받게 하지 않기 위해서인지 우리들에게 가상 원고청탁서를 보내는 방식으로 글을 쓰게 한 것 같다. 나는 속으로 "후훗 원고 청탁이라…… 새로운 경험인데? 한두 명 정도 해오겠지"라고 생각했다. 예상을 뒤엎고 절반 이상 숙제를 해왔다. 여성활동가들은 바쁜 와중에 숙제를 해내는 훌륭한 일중독자임을 실감했다.

우리는 둘러앉아 각자 써온 글을 한 사람씩 낭독했다. 인생을 자기의 언어로 쓰고, 그 글이 각자의 목소리로 이야기가 되어 울려 퍼질 때 심장 끝이 저릿저릿해지는 먹먹함이 있었다. 서로가 서로에게 눈물이 되고 아픔이 되어 깊은 울림으로 다가왔다.

"자세히 보아야 예쁘다. 오래 보아야 사랑스럽다"고 나태주 시인은 노래한다. 우리는 이미 오랫동안 활동가로서 투쟁하고 연대하면서 짧게는 10년 길게는 20~30년 봐온 사이들이다. 이만큼 오래 보았으니 어찌 사랑스럽지 않을까? 누군가의 통통 튀는 어린 시절의 추억을 봤고, 까마득히 잊고 있었던 그 옛날의 사랑을 소환했고, 나의 존재를 만들어준 부모님 인생을 부모의 나이가 되어서 만났다. 자세히 보니 한 사람, 한 사람의 인생이 한 줄기 햇살처럼 찬란하고 눈이 부시게 아름다웠다.

온몸에 쑥물들게 노조활동을 하던 그때가 20대 초반의 참 어린 시절이었다며 회상하는 '수평선', 한 사람 안에 수많은 사람이 있다고 한 '보라', 하고 싶은 대로 살아도 불안하기는 매한가지라는 '꾸다', 언젠가는 다 지나가리 하면서 어려움 속에서도 재미를 찾는 '푸카' 그리고 우리들의 이야기에서 여성노동운동은 빠질 수 없었다.

한국의 여성노동운동은 1978년 동일방직, 1979년 YH무역 등 선배 여성노동자들의 노동권 쟁취와 민주노조 사수를 위한 '가열찬' 투쟁의 정신을 이어받아 풀어가야 할 과제가 많았다. 그리고 대규모 남성 사업장 중심의 노동운동에서 소외되거나 들리지 않는 여성노동자의 목소리를 담아낼 여성노동운동 조직이 필요했다. 그래서 1987년 3월 21일 한국여성노동자회가 창립되었고, 여성노동자의 목소리를 내기 시작했다. 그 시기 우리 중 대부분은 1987년 서울, 인천, 마산, 부천 등 전국 각지에서 "호헌철폐! 독재타도!"를 외치며 거리에 있었다.

우리는 글을 쓰며 알게 되었다. 1970년 전태일 열사의 분신과 1980년 광주민주화항쟁, 1987년 6월 민주화항쟁 등 큰 사회적 사건이 있을 때마다 각자 서로 다른 공간에 있었지만 운동가로서 삶이 전환하게 된 공통된 계기였다는 것을. 우리는 이웃과 세상의 고통에 무관심할 수 없었다는 것을. 누군가는 공장 여공에서 노동조합 간부로 삶이 전환되었고 누군가는 좋은 직장에서 사회변혁을 꿈꾸는 삶으로 전환되었다. 그리고 우리는 우리 자신도 모르는 사이에 만나기도 했다. 누군가 노동조합 투쟁 경험을 이야기하면 "어! 그때 거기로 노학연대(노동자학생연대의 준말) 지원투쟁 나갔었는데……" 했고, 새삼 반갑게 "우리 이미 만난 사이였구나" 했다.

1987년 민주화항쟁과 7~9월 노동자 대투쟁의 시기를 거쳤음에도 불구하고 1990년대 초반, 한국사회에는 다시 '공안정국'이라 불리는 민주화운동을 향한 칼바람이 불었다. 노동3권과 같은 민주주의에 대한 열망조차 반공이데올로기로 매도당했고, 많은 청년학생과 노동자들의 분신과 죽음이 잇따랐다. 더구나 구소련 등 사회주의 사회의 몰락은 한국사회 진보세력의 일부에게 충격과 혼란이었고 당시 운동을 접은 사람들도 부지기수였다. 하지만 여전히 한국 사회 민주화를 위해 산적한 과제가 너무 많았다. 이 엄혹한 시기에 수평선은 감옥에서, 보라는 병상에서, 파드마는 거리에서, 리나는 공장에서, 안나는 해고자모임에서 칼바람을 맞으며 버텼다. 그리고 이름 없는 들꽃으로 여성노동운동 들판에 모여들다보니 어느새 함께 있었다.

이처럼 우리는 학생운동, 노동운동, 단체회원 활동을 거쳐 여성 활동가로서 짧게는 10년 길게는 30년 넘는 세월을 살아왔고, 그 여정에서 만났다. 그리고 지금도 여전히 우리는 그 길에 함께 있다. 글쓰기 과정은 우리가, 여성노동자들이 당당하고 행복한 세상을 만들어가기 위해 함께 교육하고 조직하고 법과 제도를 요구하고 거리 시위와 농성을 하며 보낸 여성노동운동의 순간순간을 새록새록 떠오르게 했다.

이제 우리는 그 지난한 여정을 살아낸 우리 자신에게서 내면의 힘을 본다.

'안나'는 당연히 나아지지, 괜찮아질 거야, 라며 자신을 믿고 공감해주며 신뢰한다. '파드마'는 초등학교를 졸업하고 공장 노동자로 전환한다. 공장노동자에서 여성노동운동가로, 여성노동운동가에서 명상하는 순례자로 삶의 매 순간 전환하는 힘을 가지고 있다. '하늬바람'은 3녀 1남 중 둘째 딸임에도 불구하고 하고 싶은 것은 기어코 했다. 그렇게 밀고 나가면서도 가볍고 따뜻한 바람 같았다. '보라'는 포기하지 않는 힘과 열린 마음으로 명상 수행을 하고 있다. 그리고 꾸다, 리나, 등대, 수평선, 푸카, 자유…….

우리는 지금 여기에 함께 있다.

아카데미 활동가들을 주축으로 여성노동자회, 여성노조 활동가들이 바쁘게 돌아가는 일상에서 자신의 여정을 기록하며 지나온 삶을 보는 것은 숨이 목구멍까지 차 있을 때 휴우, 하며 크게 숨 한 번 몰아쉬며 주변을 환기시키는 숨결 같은 시간이었다. 따사로운 봄볕 아래 한가로이 누워 온몸을 바람결로 샤워하고 있는 듯 평화로운 순간이었다.

그때 거절하지 않고 유혹에 못 이겨 신발 신고 나오길 잘했어. 암만!

양향옥 자유

그곳에 내가 있었다

부록

여성노동 관련 법률

남녀고용평등법

남녀고용평등법은 '남녀고용평등과 일 가정 양립 지원에 관한 법률'의 약칭이다. 1987년 12월 4일 '고용에 있어서 남녀의 평등한 기회의 대우를 보장'하기 위해 제정되었고 총 6장 39조로 구성되었으며 제정 이후 2019년까지 23차례의 개정이 있었다. 이 법은 '대한민국헌법의 평등 이념에 따라 고용에서 남녀의 평등한 기회와 대우를 보장하고 모성의 보호와 여성 고용을 촉진하여 남녀 고용 평등을 실현함과 아울러 근로자의 일과 가정의 양립을 지원함으로써 모든 국민의 삶의 질 향상에 이바지하는 것을 목적'으로 제·개정이 되어왔다.

2001년 전부 개정을 한 4차 개정은 모성권 관련 3법인 근로기준법, 고용보험법과 동시에 개정되었고, 여성, 노동단체의 지속적 요구인 모성보호 비용의 사회 분담화, 직장과 가정생활의 양립, 직장 내 성차별 및 성희롱 해소, 남녀고용평등법상 분쟁 예방 및 조정 등 실질적인 모성보호 및 남녀고용평등을 구현하기 위한 제반 제도를 개선 보완하는 것이었다.

2017년 일부 개정에서는 직장 내 성희롱의 적용범위를 확대하고, 성희롱예방교육을 강화하며, 직장 내 성희롱 발생 시 사업주 조치 의무를 강화하였다. 최근 2019년 일부 개정의 이유는 남녀의 임금격차와 비정규직 비율 격차, 성차별 문화 등 실질적인 고용평등을 촉진하기 위해서라고 밝히고 있다.

이 법에는 성별을 이유로 모집 단계부터 퇴직 단계까지 고용의 전 과정

그곳에 내가 있었다

에서의 차별을 금지하고 있고, 간접차별에 대한 정의 규정과 고용 전단계인 모집·채용, 동일가치노동·동일임금의 원칙 등의 내용이 명문화되어 있으며, 직장 내 성희롱 방지와 여성의 직업능력개발 그리고 적극적인 고용을 위한 개선 조치, 출산전후휴가 등 모성보호에 관한 규정과 육아휴직 등 일과 가정의 양립을 지원에 관한 규정을 두고 있다. 개정을 거듭하면서 남녀고용평등법은 고용상의 성차별 금지에서 나아가 남녀노동자의 일과 가정생활의 양립지원을 위한 각종 규제와 지원에 관한 사항을 포함하는 법률로 발전하였고, 사회의 변화를 선도하기도 하였다.

지속적으로 보완되면서 처벌규정이 강화되기도 하지만 이상적인 법 규정의 내용들을 현실에 적용하기 위한 여성들의 고군분투는 여전하다. 특히 2010년 이후 이슈가 되는 돌봄노동이나 여전히 좁혀지지 않은 임금격차 그리고 미투운동으로 불거진 직장 내 성차별 문화 등은 법이 해결하지 못하는 여성노동의 현실을 여실히 보여주고 있다.

영유아보육법

아동보호와 교육문제는 개인적인 차원을 넘어 사회적·국가적 차원에서 영유아의 보호와 교육에 관한 별도의 입법이 필요하게 되어 1991년 1월 14일 '영유아의 심신을 보호하고 건전하게 교육하여 건강한 사회 구성원으로 육

성함과 아울러 보호자의 경제적, 사회적 활동이 원활하게 이루어지도록 함으로써 가정복지 증진에 이바지함을 목적'으로 제정되었다. 영아, 유아, 육아와 보육 그리고 유치원과 유아는 물론 초중등 교육과 교육기본법에 대한 내용들이 포함되어 있다. 2015년에는 어린이집 학대사건이 연일 이슈가 되면서 '어린이집 CCTV 의무화'를 주 내용으로 개정안이 통과되었다. 이후 2019년 현재까지 총 65차례 개정되었고 최근에는 국가의 인증을 받은 어린이집에서조차 불량급식 또는 학대, 방치 등의 사건이 잇달아 발생하면서 어린이집 인증제도를 평가등급제로 변경해 전체 어린이집에 대해 운영 관리하도록 개정되었다.

이처럼 1990년도 화재로 아이들이 죽은 사건('그곳과 나의 기록' 타임라인 1990년도 참고)이 계기가 되어 제정된 영유아보육법은 그 제정과 개정의 과정 자체가 현대 한국 사회의 급격한 변화를 보여주며 그 변화가 영유아의 주요 보육자인 엄마와 그 가족들의 역할과 형태(다문화, 한부모 가족 등)에 미치는 영향은 물론 그에 따라 영유아 보육에 대한 현실적인 조건들이 얼마나 어떻게 달라지고 보완되어야 하는지를 매우 구체적으로 보여주고 있다.

근로기준법 제5장 여성과 소년

이 법은 '헌법에 따라 근로조건의 기준을 정함으로써 근로자의 기본적 생활을 보장, 향상시키며 균형 있는 국민 경제의 발전을 꾀하는 것을 목적'으로 1953년 5월 10일 제정되었다. 우리나라의 초기 노동운동이 이 '근로기준법'의 제정을 위해 시작되었고 총 12장 116조로 구성된 이 법률의 5장에는 여성과 소년 근로자에 대한 규정을 집약했다. 이 장에는 여성의 임신과 출산, 생리 등에 관한 규정과 청소년의 임금 청구, 근로시간 등 여성과 청소년이라는 이유로 차별을 받지 않고 근로에 대한 권리를 확보하기 위한 근로조건을 명시하고 있어서 제5장의 전문을 소개한다.

근로기준법 제5장 여성과 소년

제64조(최저 연령과 취직인허증) ① 15세 미만인 자(「초·중등교육법」에 따른 중학교에 재학 중인 18세 미만인 자를 포함한다)는 근로자로 사용하지 못한다. 다만, 대통령령으로 정하는 기준에 따라 고용노동부장관이 발급한 취직인허증(就職認許證)을 지닌 자는 근로자로 사용할 수 있다.
② 제1항의 취직인허증은 본인의 신청에 따라 의무교육에 지장이 없는 경우에는 직종(職種)을 지정하여서만 발행할 수 있다.
③ 고용노동부장관은 거짓이나 그 밖의 부정한 방법으로 제1항 단서의 취직인허증을 발급받은 자에게는 그 인허를 취소하

여야 한다.

제65조(사용 금지) ① 사용자는 임신 중이거나 산후 1년이 지나지 아니한 여성(이하 '임산부'라 한다)과 18세 미만자를 도덕상 또는 보건상 유해·위험한 사업에 사용하지 못한다.

② 사용자는 임산부가 아닌 18세 이상의 여성을 제1항에 따른 보건상 유해·위험한 사업 중 임신 또는 출산에 관한 기능에 유해·위험한 사업에 사용하지 못한다.

③ 제1항 및 제2항에 따른 금지 직종은 대통령령으로 정한다.

제66조(연소자 증명서) 사용자는 18세 미만인 자에 대하여는 그 연령을 증명하는 가족관계기록사항에 관한 증명서와 친권자 또는 후견인의 동의서를 사업장에 갖추어두어야 한다.

제67조(근로계약) ① 친권자나 후견인은 미성년자의 근로계약을 대리할 수 없다.

② 친권자, 후견인 또는 고용노동부장관은 근로계약이 미성년자에게 불리하다고 인정하는 경우에는 이를 해지할 수 있다.

③ 사용자는 18세 미만인 자와 근로계약을 체결하는 경우에는 제17조에 따른 근로조건을 서면으로 명시하여 교부하여야 한다.

제68조(임금의 청구) 미성년자는 독자적으로 임금을 청구할 수 있다.

제69조(근로시간) 15세 이상 18세 미만인 자의 근로시간은 1일에 7시간, 1주일에 35시간을 초과하지 못한다. 다만, 당사자 사이의 합의에 따라 1일에 1시간, 1주일에 5시간을 한도로 연장할 수 있다.

제70조(야간근로와 휴일근로의 제한) ① 사용자는 18세 이상의 여성을 오후 10시부터 오전 6시까지의 시간 및 휴일에 근로시키려면 그 근로자의 동의를 받아야 한다.
② 사용자는 임산부와 18세 미만자를 오후 10시부터 오전 6시까지의 시간 및 휴일에 근로시키지 못한다. 다만, 다음 각 호의 어느 하나에 해당하는 경우로서 고용노동부장관의 인가를 받으면 그러하지 아니하다.
1. 18세 미만자의 동의가 있는 경우
2. 산후 1년이 지나지 아니한 여성의 동의가 있는 경우
3. 임신 중의 여성이 명시적으로 청구하는 경우

③ 사용자는 제2항의 경우 고용노동부장관의 인가를 받기 전에 근로자의 건강 및 모성 보호를 위하여 그 시행 여부와 방법 등에

관하여 그 사업 또는 사업장의 근로자대표와 성실하게 협의하여
야 한다.

제71조(시간외근로) 사용자는 산후 1년이 지나지 아니한 여성에
대하여는 단체협약이 있는 경우라도 1일에 2시간, 1주일에 6시
간, 1년에 150시간을 초과하는 시간외근로를 시키지 못한다.

제72조(갱내근로의 금지) 사용자는 여성과 18세 미만인 자를 갱
내(坑內)에서 근로시키지 못한다. 다만, 보건·의료, 보도·취재 등
대통령령으로 정하는 업무를 수행하기 위하여 일시적으로 필요
한 경우에는 그러하지 아니하다.

제73조(생리휴가) 사용자는 여성 근로자가 청구하면 월 1일의
생리휴가를 주어야 한다.

제74조(임산부의 보호) ① 사용자는 임신 중의 여성에게 출산 전
과 출산 후를 통하여 90일(한 번에 둘 이상 자녀를 임신한 경우
에는 120일)의 출산전후휴가를 주어야 한다. 이 경우 휴가 기간
의 배정은 출산 후에 45일(한 번에 둘 이상 자녀를 임신한 경우
에는 60일) 이상이 되어야 한다.
② 사용자는 임신 중인 여성 근로자가 유산의 경험 등 대통령령

그곳에 내가 있었다

으로 정하는 사유로 제1항의 휴가를 청구하는 경우 출산 전 어느 때 라도 휴가를 나누어 사용할 수 있도록 하여야 한다. 이 경우 출산 후의 휴가 기간은 연속하여 45일(한 번에 둘 이상 자녀를 임신한 경우에는 60일) 이상이 되어야 한다.

③ 사용자는 임신 중인 여성이 유산 또는 사산한 경우로서 그 근로자가 청구하면 대통령령으로 정하는 바에 따라 유산·사산 휴가를 주어야 한다. 다만, 인공 임신중절 수술(「모자보건법」 제14조제1항에 따른 경우는 제외한다)에 따른 유산의 경우는 그러하지 아니하다.

④ 제1항부터 제3항까지의 규정에 따른 휴가 중 최초 60일(한 번에 둘 이상 자녀를 임신한 경우에는 75일)은 유급으로 한다. 다만, 「남녀고용평등과 일·가정 양립 지원에 관한 법률」 제18조에 따라 출산전후휴가급여 등이 지급된 경우에는 그 금액의 한도에서 지급의 책임을 면한다.

⑤ 사용자는 임신 중의 여성 근로자에게 시간외근로를 하게 하여서는 아니 되며, 그 근로자의 요구가 있는 경우에는 쉬운 종류의 근로로 전환하여야 한다.

⑥ 사업주는 제1항에 따른 출산전후휴가 종료 후에는 휴가 전과 동일한 업무 또는 동등한 수준의 임금을 지급하는 직무에 복귀시켜야 한다.

⑦ 사용자는 임신 후 12주 이내 또는 36주 이후에 있는 여성 근

로자가 1일 2시간의 근로시간 단축을 신청하는 경우 이를 허용하여야 한다. 다만, 1일 근로시간이 8시간 미만인 근로자에 대하여는 1일 근로시간이 6시간이 되도록 근로시간 단축을 허용할 수 있다.

⑧ 사용자는 제7항에 따른 근로시간 단축을 이유로 해당 근로자의 임금을 삭감하여서는 아니 된다.

⑨ 제7항에 따른 근로시간 단축의 신청방법 및 절차 등에 필요한 사항은 대통령령으로 정한다.

제74조의2(태아검진 시간의 허용 등) ① 사용자는 임신한 여성근로자가 「모자보건법」 제10조에 따른 임산부 정기건강진단을 받는 데 필요한 시간을 청구하는 경우 이를 허용하여 주어야 한다.

② 사용자는 제1항에 따른 건강진단 시간을 이유로 그 근로자의 임금을 삭감하여서는 아니 된다.

제75조(육아 시간) 생후 1년 미만의 유아(乳兒)를 가진 여성 근로자가 청구하면 1일 2회 각각 30분 이상의 유급 수유 시간을 주어야 한다.

직장 내 괴롭힘 금지법

2018년 12월 국회 본회의를 통과해 2019년 1월 15일 '근로기준법 제6장의 2 직장 내 괴롭힘의 금지'로 신설된 법규. "사용자 또는 근로자는 직장에서의 지위 또는 관계 등의 우위를 이용하여 업무상 적정범위를 넘어 다른 근로자에게 신체적·정신적 고통을 주거나 근무환경을 악화시키는 행위(이하 직장 내 괴롭힘)를 하여서는 아니 된다.(제76조의2)"라고 명시했다. 이 조항에는 직장 내 괴롭힘의 행위에 대한 규정은 물론 직장 내 괴롭힘이 발생했을 때 사용자가 조치해야 할 사항들을 규정했으며 그 내용은 아래와 같다.

제76조의3(직장 내 괴롭힘 발생 시 조치) ① 누구든지 직장 내 괴롭힘 발생 사실을 알게 된 경우 그 사실을 사용자에게 신고할 수 있다.

② 사용자는 제1항에 따른 신고를 접수하거나 직장 내 괴롭힘 발생 사실을 인지한 경우에는 지체없이 그 사실 확인을 위한 조사를 실시하여야 한다.

③ 사용자는 제2항에 따른 조사 기간 동안 직장 내 괴롭힘과 관련하여 피해를 입은 근로자 또는 피해를 입었다고 주장하는 근로자(이하 '피해근로자등'이라 한다)를 보호하기 위하여 필요한 경우 해당 피해근로자등에 대하여 근무 장소의 변경, 유급휴가

명령 등 적절한 조치를 하여야 한다. 이 경우 사용자는 피해근로자등의 의사에 반하는 조치를 하여서는 아니 된다.

④ 사용자는 제2항에 따른 조사 결과 직장 내 괴롭힘 발생 사실이 확인된 때에는 피해근로자가 요청하면 근무장소의 변경, 배치전환, 유급휴가 명령 등 적절한 조치를 하여야 한다.

⑤ 사용자는 제2항에 따른 조사 결과 직장 내 괴롭힘 발생 사실이 확인된 때에는 지체 없이 행위자에 대하여 징계, 근무장소의 변경 등 필요한 조치를 하여야 한다. 이 경우 사용자는 징계 등의 조치를 하기 전에 그 조치에 대하여 피해근로자의 의견을 들어야 한다.

⑥ 사용자는 직장 내 괴롭힘 발생 사실을 신고한 근로자 및 피해근로자등에게 해고나 그 밖의 불리한 처우를 하여서는 아니 된다.

***

위 여성관련 노동법규들은 한국적 노동현실을 잘 보여줌과 동시에 사용자의 의무사항이나 근로자의 권리를 규정하는 것에 그치고 그 규정을 어겼을 때의 벌칙조항은 있으나 직접적 처벌조항은 없다는 한계를 가지고 있다. 노동법 자체의 한계이기도 하지만 사회적 인식의 개선이나 실천의지 없이 법이 바뀔 수 있는 현실은 없다는 사실을 보여주기도 한다.

그곳에 내가 있었다

이 도서는 후원 플랫폼 '텀블벅tumblbug.com'을 통해 제작되었으며 아래 후원자님들 덕분에 100% 달성되었습니다. 언제나 어디서나 항상 존재했던 여성노동의 기록에 대한 가치를 믿고 후원해주신 후원자님들께 깊이 감사드린다는 뜻으로 처음부터 100%까지 후원해주신 후원자님의 이름을 이 책에 기록합니다.

가을이	수노기	태권브이
감깡	순둥이 세아엄마	플롯쟁이
강보름	순진oo	필통
고경옥	슈크림	해니
곽언택	신경희	행복맘
권혁범	신입사원 아미군	허무행
김상하	쌌셔	희킹
김숙자	양지	12****
김영숙	엄홍경	ahffo****
김영의	엡포홀릭	bada****
김예진	여름향기	catheri****
김예진	여신성아	chi****
김은실	여장군유정임	da****
김은혜	열다북스	ga****
김재형	열심히	ge****
김정경	오진방	gurw****
김정태	우그웨이	her****
김파랑	우주	Inja Jang
김판연미소천사	원세미	Jee-young Gemma Heo
김혜숙	위성락	Jinsol Park
김희은	유거사	kang****
다담	유레나	kd****
딸세포	유숙열	kw****
또다른나	유지서	lomo****
마임	유혜담	Marat
만다꼬	은하수	me
물	이광희	MinKyoung Jin
민정례	이권명희	mjkim****
바람의딸	이명숙	moon
박교연	이영국	nc****
박명숙	이영승	nylee****
박해숙	이옥환	okr****
밤톨누나	이철재	sah****
배현주	이하나	sandra****
베이징덕	자미부인	sjl
비파나	장소라	smkim****
빛사랑	조미자	Soyeon Lee
사랑이랑	조송자	sudali
샤카	조이스 박	w****
소백산	조자영	wey****
손제희	조제	YoungMin Cho
손채현	처음처럼	Ziihiion
송단	최서원	(127번째 후원자, 후원번호 2288039)
송상희	최은승	(130번째 후원자, 후원번호 2288771)
송아람	카라칼	(32번째 후원자, 후원번호 2264818)
		(99번째 후원자, 후원번호 2276773)

그곳에 내가 있었다

초판 1쇄 인쇄 2019년 9월 16일
초판 1쇄 발행 2019년 9월 25일

지은이 (사)일하는여성아카데미
펴낸이 유숙열
편집장 조박선영
편집 유지서
표지디자인 디자인멘토
본문디자인 김정은
마케팅 김영란
제작 · 출력 제이케이프린팅 장인국

펴낸 곳 이프북스 ifbooks
등록 2017년 4월 25일 제2018-000108
주소 서울 마포구 독막로 18길 5
전화 02.387.3432
팩스 02.3157.1508

이메일 ifbooks@naver.com
SNS https://www.facebook.com/books.if
인스타 http://www.instagram.com/if_book_s
홈페이지 http://www.onlineif.com

ISBN 979-11-961355-9-1 03330